U0111797

大展好書　好書大展
品嘗好書　冠群可期

大展好書　好書大展
品嘗好書　冠群可期

潘岳武學 ③

縱橫內家武學

——萬里拳蹤

潘 岳 著

大展出版社有限公司

全日本中國拳法聯盟總會佐藤敏行先生訪易宗岳武學研究會

3

崩炸勁

翻浪勁

二版序

　　《縱橫內家武學》一書的內容，本著誠信與務實的態度，呈現余集聚多年心力，所蒐集而得的相關武術資料及經歷，是真材實料之作，絕不虛妄，能獲得武術愛好者的認同而由大展出版社重新編排二版，是極令人欣慰之事。

　　時至今日，蒐集史料的時機，已因老一輩武術前人的漸形凋零，與不同時代的習武風氣所趨，而漸逝。想要進一步瞭解內家武學領域與當代武術名家風采，其間變迭的途徑與過程，即可透過本書，神遊拳蹤之旅的篇幅，做為參考資料，以填補闕如，增益見聞。

　　縱觀目前世局中，仍不乏有無立論基礎，卻大談拳學素養者。過去認可某人功夫好或功夫了得，是先試煉其功夫後，再探索其所習拳藝，並非視其所習套路多寡或是否名門，來斷定功夫。功夫深淺，一試手便知，不藉比賽規則，亦無護衛設備。不分內家、外家，凡經實戰試煉，有功夫就是了得人物，如「半步崩拳打天下」的郭雲深，他不需要套路打得好看或完整，實際有功夫，就能名滿天下。若是沒功夫，即使習練多種

拳藝，師出名門亦是枉然。

　　練就功夫，定要成片，主在要能找到一位好的傳承老師，並能專心一意地一門深入，方能練就。是以習武者，處在如此迷惑人心的環境中，要如何選對好書及好老師，不虛擲光陰，變得極為重要。

　　余對武學本源及內涵的深入與執著，有著擇善固執之殷切，勵力於「功勁」領域，忠於實學，勇於驗證，也是基於功勁本源的原理，亦期盼能時時啟迪後學。

　　基於拋磚引玉之深厚寄望，余由衷希望好的書能繼續推廣，好的建言能被接受，好的師長能受尊敬，使正確的武學風氣，漸成時尚。將演藝式的武藝，漸次導回其功夫成就的本貌，再次叮嚀，武學之本實在「功夫」，不在套路，套路是功夫好的人依心得編製出來的，方便後學，可以藉此練出功夫來，切勿本末倒置。

　　藉此次重編二版機會，余替換部分篇幅之資料照片，期望讀者在仰瞻前人時，能用心並深切地體會，他們在武術界的真正成就與貢獻所在，以不枉此書存在之機制，仍期能與同好共勉之。

2017年春月

潘岳 於臺北石牌耕武樓

前 言

余自專研內家拳藝以來，承啟薪傳，為恐閉門造車，遺誤後學，十餘年來蒐集內家拳學相關書籍、文獻史料，不遺餘力。

1990年始，余多次往來於兩岸，追本溯源，訪友尋師，行旅十數省探討交流切磋武學，以增廣見聞。歷年來，余於《力與美》雜誌與國立體院之《國術研究》季刊中陸續撰文，本著誠摯的理念，概述余習武歷練及拳鄉旅歷之見聞見證，或介紹拳理，或演練拳藝，有因人而述者，有因術而述者，並附以實際蒐集的照片與資料，期能使同好，共享余之經歷。

雜誌刊載期間，結識不少國內外同好，共同切磋研究，然余刊於《力與美》雜誌之文章內容，或有向隅者，故有建言，彙編成書發行。

歷年來，隨著體驗與見聞的增長，是以重新整理各期文章內容時，見有錯誤者，加以更正；當時有所保留者，斟酌加刊；內容重複者，併篇處理；有特色未及明言者，添加內容。

余之技藝，因隨年增刪補減而有所不同，於用語與認知之深淺，亦有所不同，惟對以往的淺

見，若覺有助益於初習內家拳學者，仍保留部分
當時的用語，有傳聞性質者，僅供讀者參考，以
增趣味性。

　　集書之篇幅，重新以拳種區分歸類，不採雜
誌順序，以利讀者前後對照比較。所附照片，有
依原照者，亦有重新取像者。全書內容，言明易
宗源流，述及余之武學經歷，以八卦掌、形意拳
與太極拳為論理議術主體，另附以功法技藝與武
學交流記實。期望此書能提供愛好武學者，瞭解
傳統中國武術的務實概念，為保留與發揚中國武
學，略盡微薄心力。

潘岳 於臺北

目　錄

武學歷程篇

追求武學心路歷程

「台始易宗」張峻峰老師，曾帶起台灣武術一股八卦掌、形意拳與太極拳之習練風潮，武術界更以「形意拳善手、八卦掌善走」，來引喻內家拳藝之精湛與奧妙。

余少時即仰慕英雄豪傑，俠義之士，早年曾隨張峻峰老師之弟子張健寶先生遊。年38歲時，再從師張永良先生習練內家拳藝，余較張師年長六歲。隨師多年，有感於術理未能貫通，是以1990年始，余為深研拳藝，曾多次深入大陸內地尋訪，期能對拳學有所精進，並訪得中國武術研究院，以「八卦掌源流之研究」為論文發表的康戈武先生，搜集八卦掌、形意拳，武學名家史料，並歷經河北、山西、新疆、黑龍江等十餘省，蒐集相關武術資料。

1992年，余機緣親訪「台始易宗」張峻峰老師之妻徐氏，始詳知張峻峰老師之生平事略，徐氏早年隨夫勤練拳藝，術理專精。張峻峰老師於1968年因誤藥致疾後，多為徐氏代授拳藝。1974年張峻峰老師辭世，易宗國術總館繼由徐氏掌門傳授拳藝，張師永良亦曾跟隨徐氏習藝。其後，余受教於張師母徐氏，得其釋以內家拳學奧義，並蒙師母見重歸宗門下，親傳張峻峰老師承傳抄印本《周天術》、《形意拳》，及《周天術金函口訣》手抄本拳譜。

依拳譜之載述，張峻峰老師之八卦掌，為「程派高式」八卦掌一脈，形意拳則習自河北派李存義先生體系，太極拳則是師從郝恩光先生。

承傳留影——左：徐抱妹老師　右：潘岳

　　1992年秋，余赴天津訪得「程派高式」八卦掌支脈的劉鳳彩先生體系傳人，以相互印證兩岸間因時空相隔，所形成的「程派高式」八卦掌武技差異。余深體所習之先、後天八卦掌法，雖為「程派高式」同一脈絡，但先天掌法未見齊備，後天六十四式的練法與技法，亦未能體現「程派高式」八卦掌，扣擺迂迴與沾黏纏化的體用奧妙，更無刀、劍、槍、鉞等八卦掌器械的傳授。

　　余為潛心專研「程派高式」八卦掌技藝，歷年來往返於天津，求教於王書聲老師並蒙其授藝，王師為劉鳳彩師爺之得意弟子，功底深厚，名揚海內外。多年來王師感余至誠，於1994年秋，囑余正式遞帖拜師入其門牆，相繼授余以高義盛師祖承傳手抄拳譜，及其隨身之八卦刀、劍、鉞等器械，使余之「程派高式」八卦掌拳藝臻至完備。

　　1993年春，余為研究山西、河北派形意拳與戴氏心意拳之拳理、技藝，走訪山西太谷與車毅齋體系之傳人布學寬之子布秉全先生研討形意拳藝，另赴山西祁縣與戴氏心意拳體系傳人段錫福之子段志善先生探討戴氏拳技。更遠赴黑龍江齊齊哈爾，專訪河北派尚雲祥弟子李文彬先生，探討尚氏形意拳學要義。

　　余於多年尋師訪友的過程中，得以親見傳統形意拳各派體系，於拳架與勁力的表現，各有所長，惜後學者多未能體驗拳理真意，誤導拳法要領，以致形意拳藝功法不彰。

　　1993年冬，余赴北京參加首屆國際八卦掌聯誼會，與海內外各八卦掌體系傳人相互觀摩演練，各體系傳人於轉掌的練法不盡相同，有蹚泥步的走圈練法，亦有化轉掌為

天津拜師入門留影

承傳──八卦劍

15

自由身法的變化。八卦掌走轉擰翻，動若游龍，本有其精髓所在，或因時代背景的不同，追求方向已異於傳統八卦掌，原著重整勁功法的鍛鍊，均未能體現。

1995年清明，余赴天津參加劉鳳彩師爺，於老家山東大山鄉的立碑儀典，同時於天津正式成立「程派高式八卦掌研究會」，王師囑余在台承傳「程派高式」八卦掌藝。同年十月，王師書聲因癌過逝，享年77歲，惟余接獲來函時王師已然故世，並於三日後火化安葬於天津寢園，是以1996年4月清明，余攜弟子前往敬拜掃墓，並展開拳鄉之旅。在天津，拜訪程派高式八卦掌同門，切磋技藝。於北京，訪得朱寶珍先生，瞭解尹氏八卦掌，及北京各體系八卦掌發展之軼事趣聞。

造訪河北派形意拳發源地，河北深州，亦即李老能、劉奇蘭、郭雲深、李存義等名師之故鄉，與「深州市李老能形意拳研究會」切磋交流形意拳藝。

至山西太谷，專訪宋世榮之侄孫宋光華先生，秉燭夜談，瞭解宋派形意拳的功法特色，並再訪車派體系傳人布秉全先生。往山西祁縣小韓村，原戴龍邦先生故居，並藉由戴寶書先生的演練與說明，探討戴氏心意拳的風格。

行旅於天津時，曾機緣訪得李存義弟子，張鴻慶體系之傳人宋宏德先生，應證張峻峰老師所習李存義體系之形意拳藝，並蒙宋宏德先生，演練五行拳與王薌齋早年意拳鍛鍊的方法，其練法與現今的意拳（大成拳）練法，有許多差異。

歷年來，余潛心整理所蒐集之八卦掌、形意拳、太極

拳史料、書籍及拳譜等資料，亦親訪武學名家周劍南先生，求教武術相關史略見聞與理念。余於深入專研前輩所留傳之拳經與著作要義時，有感於內家拳法，除拳架套路外，於功法、勁法皆各有所長，但前人風采，於今已不再重現。清末民初，八卦掌、形意拳及太極拳藝，盛行於京津，尚實戰，重技擊，名家輩出，其攻防應敵技法，必有其精要心得體會。余為探求拳學精要，遂潛心研悟拳經中有關「功勁」，的訣竅與鍛鍊法，在站樁找勁的過程中，體驗出先天勁與後天勁之本質差異，並研悟出如何激發人體潛能，以鍛鍊內勁的下手功法。

多年來的尋訪過程，博覽各地武學拳藝，重在術與理的交流與應證，意在有所比較，分析其間之異同，截長補短增長見聞。而尋訪目的，亦是在適當地釐清傳聞軼事或書籍文獻記載的疑慮，知之愈深方能體之愈精，余深信，能盛極一時的拳藝，必有其見長之處。追本溯源之旅，即欲落實自身地體認，以免閉門造車而誤導後學。

武學技藝在精不在多，余於鑽研各類武學拳譜時，深體前人已在拳譜中，對各階層的功法要領，明示精要訣竅，惜後學並未著實下功夫親體試煉，理解拳經真義，或以字面解譯誤導術理根源，甚或寧棄武技攻防效益，而崇尚肢體表演運動，反以為拳譜內容無可參研。

落實的功夫，不在外表的虛華拳勢，而是在訓練全身整體骨骼與筋肌的協調，以激發人體本有的潛能，形成實而不華的內勁基礎，並與日俱增，正確的勁法，必定會愈練愈精，期與同好共勉之。

追求武學應有的理念

　　武術之鍛鍊，其作用或為防身健體，或為保鄉衛土，其後歷經不同時代生活習慣與社會文化的洗染蒸熔，武術被運用的層面日益廣泛。恃技用以行俠仗義，互助鄉里，陣營團練，或用於保鏢護院，江湖賣藝，開館授徒營生者皆有，各等社會階層，多有武術著跡之處。

　　武術的發展過程，有內練與外練之分，著重外在鍛鍊者，藉著不斷的創變革新，使顯於外的拳法套路，日趨多元化，是以不同拳路的門派風格，紛紛樹立。而著重內在奠基功法的鍛鍊者，則藉著不斷的體驗試煉，用以激發隱於內的先天潛能，成就出萬法歸一的內勁功法。

　　技藝與理論是武術的本體，拳法套路與內勁鍛鍊則為武術的應用。內外功法，原無軒輕，皆應齊備，然因內勁為拳法套路的根源，是以武術築基，首重內勁鍛鍊，習練者鍛鍊武術時，不論是由內在功法著手鍛鍊，或由外在拳路下手訓練，要達到體用兼顧的效益，皆須以內勁功法奠基，才能發揮事半功倍，成就拳法套路的優勢。

　　若單練拳路而無內勁，則虛華而不實，單練內勁而無拳路，則穩拙而不靈，是故以內勁奠基，以拳法展藝，實為習武者所應追求之武學目標。

　　鍛鍊內勁功法，有賴習練者的細心思維，藉助椿功引導，以調整人體生理機能，透通周身筋肌骨節，適足以激

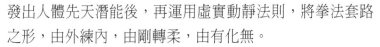

發出人體先天潛能後，再運用虛實動靜法則，將拳法套路之形，由外練內，由剛轉柔，由有化無。

此等築基鍛鍊內外功法的過程，極需習武者的全心體驗與全程投入，是以習練者於習武之初，本應先對自身習武動機，與所欲追求的武學境界，事先界定，始能瞭然於胸，而後步步追尋。

然而現今時代背景不同，習武者練武的目的，已然不同於往。若為強身健體者，如今欲達到相同效益的其它體能活動，已不在少數。

若受武俠小說，武打影片效果之吸引，以充滿武功幻影的心態，進入習武領域，但確又幻想盈心，好高騖遠，不願付出，不著實際，只想以奇蹟般的練武奇緣，輕易斬獲高超武學，須知天下實無不勞而獲的成就。若雖慕學，但無原則，喜新厭舊，以為多師多藝，功夫即能深厚，已然偏差所學而不覺，須知習武一事，淺嘗而不深究，宛如未學。餘者，或為體制影響，或為表現自我，圖一展英姿雄風之機，或欲追求瞬間的技擊成效，展現短暫旺盛精力者，甚或有習練者，茫然以學，確不知所為何來者。

此皆因習武者，不明武學真諦，時或尋之無門，時或自以為是，過與不及的習武心態，皆使武術精神本末倒置，實令人慨然惋惜。追求拳學，首重築基功法，一門有內涵的拳學，必重視內勁功法的鍛鍊，對於術理的試煉考驗，亦必歷久不衰。

一般習練者，常為追求武術外形上的效益，反增無端的套路訓練法則，諸不知愈真實的功夫，愈是落實而單

純。種類繁雜的拳法套路，追根究底，皆應奠基在內勁功法上，方能不落虛華。

　　然而習武者，如何才能在紛擾雜陳的武術領域中，規範出自己習武的方向？

　　實應依循下列八個方法，即聽聞、尋訪、虔求、實練、試手、斂化、致柔、功成。期能協助習武者，漸次確認自己的習武程式與目標，而不致茫然所學。

1.聽　聞

　　聽聞者，所謂：「聞道有先後，術業有專攻。」習武者必先多方聽取，武術界對該項武學內容的評價，收集相關名人軼事與史料，過濾道聽塗說，以瞭解該項武學傳承延伸過程、發展特色及其歷代傳襲者的武德風範，知其所長，明其所由，適以確認自己的學習動機，不落虛幻，亦不枉費時日。

2.尋　訪

　　尋訪者，俗云：「百聞不如一見，聽聞不如親見。」為落實己所聽聞，當透過親訪或旁及應證，以確知聽聞之屬實性，加以當今為師者，形形色色，蒙混虛騙者亦有之，必細心探訪，查其功夫之有無，範圍落在何處，雖聞其言之灼灼，仍須訪查其言之真假。

　　所謂讀萬卷書，行萬里路，尋師訪友的過程，除可增長見聞外，亦可釐清不實的傳聞，開通自己的眼界，利多於害。

　　尋訪時，態度上須誠信謙和，請益技藝，務必落實，勿懷幻象幢憬，方不失追求武學真諦之法則。

3.虔 求

虔求者,即訪得值得跟隨的老師,必下決心,虔心求教。習拳有兩種不同層次,非入門的學生,僅能習得外形上的拳法套路,入門弟子方能深入築基功法的鍛鍊。

為師者亦會體查學生的習拳動機與認真程度,因其動機之不同而有不同的教習法。

學生或為一己之利而習者,或為當期實用效益而習者,或認同該門武學,足以擔當承先啟後,進而發揚該門武學者,非可同等對之。若是習者僅慕其學,卻先勤後惰,虎頭蛇尾,必遭淘汰之途。

4.實 練

實練者,虔誠以學,經老師考驗,得為入門弟子後,更要務實的鍛鍊功法,若誤以為入門,即為得志,或自以為已然登堂入室,反好高騖遠,必再遭淘汰。

須知學然後知不足,築基的功夫,須按步就班地用心鍛鍊,基石為要,絕無短期內可成就功法者。隨師,可得師之傳藝、解惑、授業,而築基功法尤需為師者從旁矯正與點化,須知十年功不及師父一句點化訣,虛心誠意的隨師,層層練己,步步進升,一日築基一日功,萬丈高樓必由平地起,必須紮實根基,純熟練藝。

內勁功法與外在拳法,皆須齊備,藉助意念的貫穿,從有形的形體、手法、步法、身法的鍛鍊,到形而上的內勁潛能激發,從近距離的應手,到遠距離的攻防,皆須學而時習之,以致熟練,是以諺云:「拳練千遍,神髓自現。」

21

5.試　手

試手者，武學鍛鍊中，得藝必試手。師父對弟子釋以拳經要義，臨敵口訣時，往往口述不如親身示範，而示範不如親身摹擬餵招，拳經云：「練時如有人，用時如無人。」實戰技法的演練，絕不可以套路方式對練，會使弟子形成慣性而不知應變。

既是摹擬，仍有其侷限性，是以在摹擬餵招技法後，必再經實際試手應證，方知功法的適用性及變通性，學而不知運用，閉門造車，仿如未學。

功夫深淺，是否熟練，是否通徹，一試便知自己之於武學領域的吸收程度與體會多寡，言語吹噓，話頭贏人，皆是空幻，踏實以學，必顯然於實地試手應證過程。

多方吸收實戰過程中的經驗，則功法技藝會愈試愈精，愈練愈深，以致快捷沉穩細膩。除了培養膽識勇氣外，適足以蘊育應敵對陣技巧，將功法拳路落實於實戰應變中，如此反覆不斷的精益求精，觸類旁通，舉一反三的試煉，青欲出於藍者，應掌握此為進階之機。

6.斂　化

斂化者，鍛鍊武學，發揮於外者，必再收斂於內，拳經云：「有形有意皆是假，意到無心方為奇。」拳法套路的鍛鍊，乃屬有為法，要使武學達到無為而已有所作為，應將外形上的動作完全化入身體的自然反應中，意動形已成，動本於靜，靜寓於動，動靜虛實，皆吾所主，意念一動，形勢氣魄已成。

此鍛鍊的法則，端賴習練者反覆而持久的熟練，將有

形拳法化於全身，成為身體的自然反應，達到髮膚一經碰觸，即能以全身整體的反射動作相應的效益。若逕自以為功夫以得應證，便自滿而停歇者，是自限武學之路也。

7.致　柔

致柔者，拳法套路雖已化於自然之境，摒除肢體著意之動，達到「拳無拳，意無意」的境界，但其動仍不免於剛勁蓄內之勢，必再將其致柔，虛含以待，使全身一體，因吾之意念而生，因吾之意念而動，甚而因悟生動，達到另一以無形帶有形的境界。

致柔必非鬆軟之意，而是應將功夫柔化，柔到極點，如水之韌，使之不帶絲毫剛強急迫之狀，柔之益柔的功力，其所發揮的爆發力，必盛極大極，而萬夫莫敵，此與物極必反，否極泰來之理同矣。

8.功　成

功成者，武學功法的最高境界，在於返樸歸真，須將致柔之境再回歸先天本能之中，似回到未練拳之初，方可謂已達武學最高境界，否則不可謂之全功。

此時武學的基礎，全來自人體先天本有的潛能，不藉外形之功，不假內在之法，彷彿天生即有，基於潛能的激發，浩浩然，而用之不竭，勁源爆發之勢，如洶湧波濤，層層緊隨，威勢無可限量。此乃經鍛鍊而功成之境界，知所然而然，與特異人士先天具來，確不知其所以然者，大不相同，切勿混淆以對。

習武者於從師後，追求武學理應兢兢業業，克盡己

能，用心研習，然而於從師前，仍應慎重考量選擇從師。
俗云：「一日為師，終生為父。」除示以尊師重道之義務，
亦明示以從師對己，時有終其一生的影響力，故不可不深
思熟慮，從師之重要。

為師的首要條件，應對該門武學的承襲源流有所認
知，且具深厚的理、術素養，理以解拳經拳理之疑慮，術
以導武學技藝之實證。其次於武學領域外，能適當地引導
習練者，為人處世的原則，使受教者深受其益，而常懷從
師風範，是以師父的人格素養與社會歷練，對弟子亦有深
遠的影響作用。

真正有傳承的老師，常能珍惜所學，虛心以治，然而
由於自身承接與體悟心得的差異，發展方向的不同，亦有
不同型態的授藝老師。

或有守成不變，適足以擔任承先啟後者。或能立意原
基礎上，加以創新整合延續者。或於武學領域中，有青出
於藍而更勝於藍之表現者。或有師父，過於守舊，恪遵古
法教習方式授藝，功法傳子不傳徒，或傳徒又不過六耳
者，常因此而丟失武學真諦，甚或攜入黃土而終究未傳，
造成遺憾者。

甚而有部分為師者，或經自己苦練得其竅，但卻不知
其所以然者，此類師父，雖有功夫，但無法教習傳承，不
能成就一脈武學。

諸如所述，習武者，對於己之從師，實應詳訪細查，
如若隨師不當，虛擲光陰，不得其功，反得不償失矣。

師父傳藝有四種等級的區分，非入門學生中，有僅練

拳法套路而不重實用者，或為僅習實用技法，而不重拳法套路者。而入門子弟中，亦分為傳承弟子與非傳承弟子。故習練者對自己要追求的武學境界，應有確認的方向。

正式傳承的入門拜師，因須繼脈絡，接宗法，故設有正式收徒儀典，其主要用意，是藉由正式禮儀，詔告弟子，切記身負承傳之責，同時適當地規誡弟子的行為規範。各門有各門的規矩，如同幫會亦有幫會的幫規。習武不可不隨師，尤其在功法的點化上，絕非落於筆墨形容的拳譜拳經，所能涵蓋周全的，是以尊師重道守武德，是作弟子所應恪遵的禮法。

早期的為師者，不論是家傳或承襲，凡教習入門弟子，除不藏私外，當得一弟子資質優於己者時，必有雅量，薦舉弟子另往良師處求學，增益其所不足，今已少見此類為師者。

真實的武學，絕不帶神秘色彩，為師者展示的技藝，必可經傳授與應證，使弟子同受其益，若只有為師者會，而弟子學不會的功法，因其不能經正常管道習得，後續無人，而無法繼延脈絡。

是以，真正的武學，絕無花俏，樸實無華，且得以代代相傳，具武學傳承文化，而歷久不衰。術與理是武學的一體兩面，無術不成方圓，無理不成章法。武諺所云：「練拳不練功，到老一場空」者，實是強調武學應齊備內、外功法的鍛鍊，尤其是內勁功法，否則終必因年老體衰而空無所獲。

傳統武術，起手落足，皆有所應，攻防進退，虛實變

化，必有依據，攻無不克，防無不應，符合人體自然反射原理，「練時就是用時」，怎麼練，就能怎麼應用，於術於理，皆經千錘百鍊，應證傳遞，兼顧技擊與養生之功。

然而今之武術適得其反，以養生或演藝為主，疏略原本的技擊功法，棄前輩撰留的武技菁華不用，寧重套路表演而捨功法鍛鍊，寧抄襲拳理而捨心得記要，捨本逐末，實非所宜，惜哉。

期盼現今的習武者，追求武學，應著重理術兼顧，文武雙修，不偏不倚。在技藝上，貫通技法，精益求精；在理論上，應證訣要，體驗拳理；在運用上，觸類旁通，舉一反三；在體能上，激發先天，眷養後天；在精神上，靜如書生，動如猛虎；在意念上，君臨天下，環抱宇宙。

術者，當透過試手驗證之，理者，必經過鍛鍊而實踐之。拳法技藝的演練，若只崇高尚肢體運動之美，便無法實踐拳理中之訣要真意。若空談拳法玄理，紙上談兵，無實證功夫，亦常會誤導拳理原意。

武學領域，深邃奧妙，天下絕無一蹴可幾的功法，追求武學，歷經聽聞、尋訪、虔求、實練、試手、斂化、致柔以致功成的習武過程後，尚須培養綜觀武學縱橫剖面的能力與修養，方能於心得體悟中，有不同領域的超越與突破，而不致固步自封。

諺云：「學海無涯勤是岸，青雲有路志為梯。」追求武學，切勿華而不實，為免蹉跎時光，致所獲無幾，習武者當自審追求武學之目的與理念。

易宗脈絡篇

吳夢俠　　　　　高義盛　　　　　吳兆峰

台始易宗張峻峰事略

　　台灣光復初期在武術方面的發展，因地理環境及社會型態的相互影響，是以少林拳系為主流。而以內家拳術帶動並轉換台灣習武風氣，張峻峰老師是一位主要的人物，經過他的傳授，講求內外兼修的內家拳術，才漸漸為台灣武術界所熟悉，進而成為許多武學家所愛好的武術。

　　張峻峰老師，名鳳崑，以字行，山東省鄒平縣九鄉丁家莊人。張峻峰老師在完成私塾學業後，便赴天津學習經商。當時適逢武術在京、津一帶，正蔚為風潮，張老師於學徒期間，便常利用閒暇四處訪師學藝。

張峻峰老師

　　年漸長，因待人誠信，生意經營得法，21歲時，便擔任「漢宮秋」商號的經理職，總掌八個店鋪，手下管理約三佰多名夥計。「漢宮秋」的總鋪位於天津法租界26號泰康商場內，主要經營洋貨菸酒及國內外各項雜貨批發買賣，其商號匾額乃遜清狀元趙元禮所題。

　　張峻峰老師雖忙於生計，但對武術興趣未曾稍

減，故於積攢有餘後，便經常延聘武術拳師留至家中，待如上賓，俾能就近求教，學習武術技藝。

張在天津時，與吳孟俠交善，兄弟相稱，吳見張習武之精神可嘉，便引薦張峻峰老師，拜在高義盛門下習練「程派高式」先、後天八卦掌技藝。

張亦經常與師兄吳孟俠，相互切磋實戰技藝，因吳孟俠曾從韓慕俠等多位名師習藝，故張峻峰老師，自師兄處也習得許多優渥的手法及實戰技法，使張之武技大增，名聞天津。

後張峻峰老師，曾受聘擔任天津市國術會常務理事，及上海國術學會編審處主任。

張峻峰老師在台期間，吳曾在天津、北京兩地與其兄吳兆峰設立「廣華哲宗同義社」，及「葆真八卦拳社」，推廣武學。

民國36年，張峻峰老師首次來台，曾在現信義路購得一間舊日式房舍居住，視察台灣經商環境，其後陸續帶來十二名夥計，因住處小，又在對街買下房舍居住。

但因當時台灣的生活習性及環境，並不適於以「漢宮秋」方式經營生計，而夥計們亦不慣其苦，要求返回天津，張峻峰只得賣掉部分房舍，給夥計當盤纏回天津，當時正巧天津正對富有商賈進行整肅，故張峻峰老師，仍暫避台灣。

民國37年，大陸時局轉變，其家人本欲由上海轉來台灣，但未能成行，甚為遺憾，張乃將「漢宮秋」生意重心著落在臺北。「漢宮秋」主要經營各式洋貨鮮果批發買

賣，但這樣的生意，在當時的臺北，確實無法發展，乃改做米糧麵粉生意，閒暇時，則在圓山下，基隆河邊兒童樂園原址練拳。

據聞當張峻峰老師在練先天八卦掌轉圈式時，地上的圓圈可呈現出三寸深地溝痕，且氣勢澎湃，使圍觀者大感興趣，後有人挑釁要求切磋，張請對方持杆盡全力攻其腹部，但對方隨即彈出丈餘外跌坐在地，令對手欽服不已。於是陸續向張峻峰老師請益，進而要求授拳的人漸多。張思及武學本是其性向所在，在當時經營不易的情況下，於是決意結束經營兩年的米糧生意，改以教拳為業。

張峻峰老師於民國37年始定居臺北，後以授拳營生，並為其經營百貨業的弟子黃阿合，請到中山北路二段的家中居住便於習拳。

張之授拳生涯始於圓山，陸續延展至五百完人塚、植物園、迪化街十三號水門外、三重濟陽醫院等處授拳，聲聞漸廣。

其中迪化街十三號水門外，便是由其弟子洪懿文、洪懿綿、洪懿祥兄弟，邀請張峻峰老師親臨教授指導的場地。因當時時局尚不能公開授拳，嗜武者多暗自習練，張峻峰老師乃立意要創立國術館，故於民國39年成立「易宗國術總館」廣授八卦掌、形意拳及太極拳拳藝。

當時台灣學少林拳系武技者較多，如白鶴拳、太祖拳及猴拳等，不曾詳聞八卦掌、形意拳與太極拳等內家拳技藝。部分習武者，見張峻峰老師乃一外地人，竟然在臺北公開設館教拳，頗為不服，於是前來挑戰或挑釁者甚多，

但皆為張所技服,並轉而跟隨張峻峰老師習拳。張每接受挑戰,皆點到為止,從不輕易傷人,故敗者多能心服口服,願拜於其門下,重新習練內家拳藝。

民國40年6月,張峻峰老師與龔爾康、周慶順、劉木森、顧忠年、張祥三等人共同參與,籌備成立「台灣省國術會」,並推舉王成章為理事長,張峻峰則任教務委員會主任委員,此後張峻峰老師亦曾受聘擔任「臺北市國術會」理事、顧問,及「國術研究發展委員會」的主任委員等職務。

張峻峰老師於迪化街十三號水門外教拳時,當時的副總統陳誠先生,經常前往觀看。據聞陳誠曾引薦全省數十位武學精英,前往總統府表演、觀摩,張峻峰老師亦在受邀之列,此後張峻峰老師,曾至士林官邸教授氣功及太極拳術。亦陸續受聘至總統府、空軍總司令部、警政署、調查局、情報局等處授拳。

曾聞有多位貼身侍衛,八卦掌拳藝練得很好,不知是否與張峻峰老師曾至官邸傳授拳藝有關。

張峻峰老師家中,至今尚陳列一總統府太極拳隊所贈送之匾額:

「武功須備武德義重藝匪重

尊道必先尊師授輕受莫輕」

屬名為總統府太極拳隊全體同仁敬贈。橫匾「台始易宗」則為台灣臺北忠義堂,林熙教所敬題之匾額。

張峻峰老師在天津時,曾參加「天道」,王樹金與張峻峰為「道親」,且王為道中「前人」,故與王兄弟相

31

稱。當時王樹金本欲借授拳方式，在中部草屯、霧峰一帶宣揚道義，乃於草屯設立「誠明國術館」，由於挑戰者甚多，故特邀張峻峰老師南下坐陣。

挑戰期間，因王樹金出手較重，難免傷人，事後多由張峻峰老師為對方療傷，於是在中南部陸續收了許多學生，但因路遙，張仍回臺北繼續授拳。

張峻峰老師在台結婚後，便搬出弟子黃阿合的家，在大龍峒的民族路大同新村安居。婚後二、三年間，仍不時接受王樹金的邀請，至中南部坐鎮，有時一去數月。

張峻峰老師在圓山教拳時，天文臺旁之五百完人塚處，原是張教拳之所，後因在理教公會上認識了人稱「山西王」的王延年先生，而王又正當布行生意經營不善之

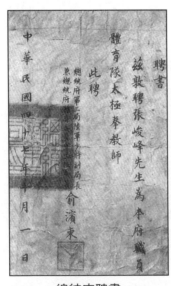

總統府聘書

張峻峰老師身手

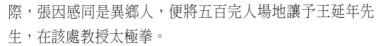

際，張因感同是異鄉人，便將五百完人場地讓予王延年先生，在該處教授太極拳。

但此事未能得到張門下學生的諒解，故部分學生，時往五百完人場子擾事，其後經由張峻峰老師出面調解，才得以平息紛爭。

由於張之學生日眾，乃於民國49年6月18日，於三重濟陽醫院成立「易宗分館」，該館館務交由弟子廖運祖執行，拳藝教授由功底紮實的弟子徐文光擔任，廖運祖現自行開設先天道院於角板山。

張峻峰老師的學生實戰功夫紮實，參加表演或比賽的成績，皆可圈可點。民國40年及42年，學生們便以「峻峰國術館」名義分別參加第六屆與第八屆省運動大會國術表演，而嶄露頭角。

46年10月25日，以「易宗國術館」名義參加第十二屆省運動會國術比賽，弟子蔣忠泉、樊學文、余文通等三人，還分別贏得中、重量級冠軍，攝有照片留念。

民國51年，為慶祝老總統七秩晉六華誕活動，由三重第二分館全體學員，參加國術表演以表慶賀。另參加台灣省第二屆北部七縣市國術比賽時，亦曾贏取輕、重量級冠軍，可謂戰績豐盈輝煌。

張峻峰老師授拳之初，所收弟子，多是帶藝投師。如周慶順、劉新東等十人，原是臺北牛埔仔武術名家「吳大條」的弟子，一行人原是要找張峻峰老師挑釁來的，但被逐一技服。張峻峰老師收服此類學生為數不少，但並非所有學生，均為叩頭拜師弟子。

峻峰國術館開幕紀念

第六屆省運會國術表演

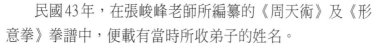

民國43年，在張峻峰老師所編纂的《周天術》及《形意拳》拳譜中，便載有當時所收弟子的姓名。

拳譜是由弟子蔡萬成及蕭木全，協助整理完成，凡正式叩頭拜師弟子皆有此拳譜，且附有張峻峰老師照片為證，張曾理術兼備地解說拳譜內容，教學理念極重術理合一。張老師另有一不曾輕易離身的拳譜《周天術金函口訣》極為珍貴，即使是入門弟子亦難以見得。

早年張峻峰老師，曾將八卦掌武學拳架拍成照片，並依八卦掌後天散手拆解法，一式式剪輯成冊，費時兩年餘，由於製作不易，未再另作複存，內含所有攻防招式，另有一套棍法的攻卸方法。當時參與照片整理者，有其妻及弟子林德勝、蕭木全、蔡萬成等人。

後相冊被香港李英昂先生借走，原言明借三個月便歸還，張峻峰老師認為，人在拳在，比照片有用，遂借予李，但李始終未歸還。李英昂先生逝世後，相冊亦不知流落何方，可惜了一份應保留下來的武學資產。

張峻峰老師婚後，移居大龍峒，二層樓房樓上住人，樓下為授拳之用。但因當時的大龍峒常遭受水患，時或淹至二樓，常浸濕損毀一些拳術照片資料，實極可惜。

十餘年後，張老師將先前在信義路上購得的土地建屋自住，才搬到信義路現址居住不再搬遷，並在自家五樓陽台與二樓繼續開班教拳。

張峻峰老師家中，掛著尹福與高義盛的照片畫像，尹福的相片，是周繼春先生在臺北植物園贈與的。張峻峰老師的氣功，是習自尹福一脈的練法，有單操功。張老師常

在家門旁的防空洞內練氣功，每次練的時間頗長，且不讓人窺探，甚至其妻亦不例外。

某次，其妻事先隱入防空洞偷窺，張打坐良久，其妻待得不耐煩，確又走不掉，直到下坐開門，才發現其妻也在。其妻問張屁股下放硬饅頭做何用處，難道是餓了要吃？原來不知張練的是龍門派內功，用「木饅頭」法撮穀道。張見其妻已窺得練內功之事，便也開始教其妻內功練法。

張氣功充盈的程度，曾將一支五尺餘長，直徑達五公分的籐棍，以丹田之力頂彎至地面，此籐棍現仍保存在張家客廳內，此套氣功練法，張曾教其弟子蔡萬成習練過。

早期練拳者，多曾研習傷科，而張峻峰老師尤精此術，張瞭解動武時，拳腳無眼，內、外傷都有可能發生，故其在「台灣省國術會」成立之初，便建議參加國術會會員，需懂得傷科療法。

張峻峰老師暫住弟子黃阿闊家中時，由張負責接骨療傷，而黃則學著敷藥，婚後約三、四年才由其妻取代敷藥工作。而其妻在張峻峰老師傳授，及長期耳濡目染的經驗累積下，亦能夠獨立擔當傷科治療工作。張之接骨技術，足可媲美X光透視的準確度。

在器械方面，張峻峰老師有一套八卦雙劍練法，僅教過其學生徐一飛及其妻徐抱妹女士，因練雙劍難度極高，故張峻峰老師在外不曾教人。

八卦刀亦因不易練就精純，故索性亦不在外教授，而齊眉棍、長槍、八卦劍等套路，則公開傳授。張練長槍

時，常使用勾鏈槍來練習，在張家大廳中尚陳列著勾鏈槍、月牙槍、方便鏟、大刀、拉弓座等器械。

張峻峰老師搬到信義路後的第二年，某天來了位廿多年未見的老友，因談起患輕微的糖尿病，經友人推薦自己有祖傳秘方可治，隔天就帶了幾包粉藥來，張竟然不疑服下一包，晚上六點服下後，自覺不能上樓授課，要其妻代授，自己躺在床上休息。九點半其妻授完課下樓，見張嘔吐，嚷著肚中如火燒，要家人到信義路上的「小美」霜淇淋店買冰物鎮壓。

第二天送醫，已四肢無力，渾身發黑，自此陸續進出醫院醫治，達七年之久，醫生亦診治不出病源，只一再輸打蛋白質及輸換鮮血治療，直到民國63年5月逝世，享年72歲。

張自病後未再出去教拳，多由其妻接手在家中授拳，其妻由張峻峰老師個別調教過八卦掌、形意拳、太極拳練法。並曾苦練天干、推板、拉弓、拉杆（杆長五米）等功操，根基極為紮實，其妻尤喜練八卦掌與太極拳，原住大龍峒時，太極拳班便多由其妻代教。

張峻峰老師病後，仍常有人挑戰，尤其部分學生，原是帶藝投師者，認為其妻乃一婦道人家，不應出面教拳，欲藉機挑釁以揚名武術界。當時其妻正當壯年，亦心有不服，思及凡來挑釁者，一是欺其夫臥病在床，二則欺其為婦道人家，便毅然出面代夫應戰，結果每戰必勝，技服對方，使一干學生及來挑釁者，心中油然升起敬意，自此對這位師母的代授拳藝，亦心服口服，可見其妻徐氏跟隨著

張老師所練的功法,確實不同於一般。

　　聞張峻峰老師於逝世前三天,請其妻招來其認為足以信託的弟子五人,交待後事。張期望五人中二人負責張羅後事,三人則分別負責國術館內相關事宜,並望往後此五人能共同擔起,照顧其妻及八名幼小子女的生活需求。

　　第三天其妻正與三十幾位學生在廳內議事,只聞得張峻峰老師一聲長嘆,隨即仙逝,雖請得總統府御醫前來診救,卻已罔然。

　　醫生診斷後,對其妻言道:「張峻峰老師已於前夜身亡,唯一氣尚存,待其意識鬆放,便再也回天乏術。」足見張為一氣功內斂極佳的人。

　　該醫生言明從醫以長,只見過兩位氣功內力如此深厚者,以此方式辭世,一在大陸北京,另一位即是張峻峰老師。治喪委員會,原欲將信義路房子的三、四樓出售,替張峻峰老師買地建墳,但其妻不同意,自行籌款給委員會,不足數額請委員會另行想法處理,再以所收得奠儀湊足,買下十一坪墓地,為張峻峰老師安葬並立碑文誌事。

　　張峻峰老師生於1902年農曆12月4日,逝於1974年農曆5月16日(國曆七月五日)。生前教過數以千計的弟子,且多為技服後拜師者,其中值得一提之人、事、物,實不在少數。如張曾教過總統府交通科科長姚華生,練過全套的先天八卦掌法。當時任職總統府的譚俊民,張課長等人亦是張之學生。

　　廖五常原練少林拳與猴拳,是黃定國的拜把,而黃定國是被張峻峰老師所技服,廖與黃年相若,廖因被黃技服

而隨黃習藝，當初黃定國亦是來向張峻峰老師挑戰，於技服後亦隨張峻峰習藝。黃根砡曾練柔道，功底深厚，亦曾隨張峻峰老師習藝。

學生周東華年已六十餘歲，功底厚實，練齊眉棍時，是以如樑般粗的竹棍練功的。曾聞張峻峰老師一招「挫手」，即可將對方之手臂表皮黏挫起來，功力極強韌。其他弟子，如周慶順曾在圓山及保安宮等地教授學生拳術。

蔡萬成年近九十，依然身強體健，冬天時多喜在寒冷的地方度過，民國50年時，蔡萬成曾受邀擔任國防部總務局國術教官。

張峻峰老師因王成章的引薦，而認識劉峙將軍，劉峙將軍常為張家之座上賓，張亦曾教過劉峙將軍氣功，「發揚武德」匾額即為陸軍上將劉峙將軍所題贈。

早期張峻峰老師的學生，自以為學有所成，便欲自立門戶，甚或篡改套路教人，張對此行徑頗不以為然。張老師常言：「拳術是前輩們的心得結晶，不得空可少練，但絕不可隨意篡改。或簡化自編，而辜負先輩們對拳學的精要體驗。」

徐抱妹女士事略

　　張峻峰老師之妻徐抱妹女士，生於1935年，台灣新竹縣新豐人，三歲時，隨養父母定居臺北，17歲與張峻峰老師結婚後，即隨夫習練八卦掌、形意拳及太極拳藝，由於張授拳要求極嚴，即便是妻子亦不容偷懶，徐師母年紀輕，生性純厚，個性不讓鬚眉，對武術日漸發生濃厚興趣，故奠基功夫學得很紮實。

　　張老師夫婦兩人每日清晨四時起練拳，張師親自督導，家中請了三個傭人處理家務，以使徐師母能專心練拳，其教導練拳的方式，似蛇脫皮般，使人在不知不覺中漸次地進步。因練拳時間很早，故少有人能看到張師夫婦練拳情形，清晨七點左右，張峻峰老師便開始一天的授拳課程，拳勢為主，器械套路多是最後才練，直到晚上才結束。

　　張峻峰老師，因氣功好聲喉大，無形中帶有威嚴氣魄，學生多不敢與張師父嬉笑聊天。張師教拳嚴謹，學習者若穩實練，張師會不厭其煩地細心教導，若刁蠻、懶散或想心存僥倖，則會被張師籐條示警，甚至打得眼淚直流。故其學生的築基功夫皆極紮實，凡在外參加比賽者，常能獲勝。雖練功之際極為辛苦，但因鍛鍊要領得法，故每於練罷調息後，反覺精神奕奕，體力充沛。

　　徐師母，除生育後百日內修養生息外，其餘時間未曾

間斷習練功夫，育有四女四男。張之四女，象桂、象櫻、象樹、象林，四子象清、象治、象沛、象注，自幼跟隨父母習武，身法皆練得極為熟練。象樹及象林曾參加過國術大會表演。

徐師母25歲時，開始代教太極拳班次，教法剛柔有致。舉家搬遷至信義路定居後，才陸續接手教授八卦掌及形意拳術，32歲時，因張老師長期臥病，才擔綱負起指導八卦掌、形意拳及太極拳藝的授藝責任。徐師母平均每日教授四個武技班，學生國內外人士皆有，並以傷科治療及出租一樓房子，以維持一家人的所有生活開支。

其間或有挑釁者，多被徐師母技服，進而接受其拳術指導。聞有專程來學內家拳藝的外國人士，見是一婦人授拳，原心存輕忽，待交手後，始知其身懷絕藝，而甘心受教。另有三十幾位日本同好，專程來台請徐師母指導拳藝，停留達三個月之久。

據聞張峻峰老師病後第三年，徐師母得機在復旦橋下教巴西大使等人，張曾想藉此關係，賣掉台灣的房產，帶全家人借道巴西，返回山東定居，後因病未能成行。徐師母所授學生亦為數眾多，其曾言：「既敢公開授拳，就需有能隨時接受挑戰的真本事。」

然其教授學生，亦分四種等級，教法各自不同，第一種，習武乃為健身用途，不欲深究者；第二種，是欲在外教拳營生，只要習得多樣化的完整套路者；第三種，追求實用攻防技法，而不欲明其就理者：第四種，為專研並承傳一門武學，理術兼顧，並能發揚傳統武學精神者。

　　徐師母因感慨今之習武觀念已大不如前，且學生習藝，已不再似早期般勤奮紮實，且學完後，便甚少再聯繫，加以孩子漸長，陸續出外就讀，經濟上的拮据已漸得舒緩，於是便在張峻峰老師逝世三年左右，藉著出國遊歷三個月的機會，停掉所有授拳班次，以脫離教拳生涯。

　　民國72年徐氏曾輕度中風，而後不幸又在赴醫途中，為計程車衝撞拖曳數十公尺，造成重傷，胯骨及小腿骨折。送醫急救時內外傷均很嚴重，醫生本已囑咐家人帶回家中準備後事，醫院亦預備開出死亡證明。但在家人驚慌之餘，徐師母以其經年的武學基礎及傷科常識，自行逐步地接骨調息，培元養氣，而漸漸地恢復健康，醫生們亦極驚訝其復元的情形，現在的徐師母，不經意，實看不出其當時所受重傷的嚴重程度。

　　徐師母雖已近十餘年不曾教拳，僅以傷科治療為主，但其太極拳身法、技法猶存。因年事漸高，慮及武學薪傳須後繼有人，擬將張峻峰老師隨身之《周天術金函口訣》拳譜，傳給有心深研並承傳武術者，期盼能務實地，發揚易宗內家傳統武學。

　　她認為，早年張峻峰老師的學生，多為帶藝投師者，因已參雜其他拳學，若再假以時日的荒廢，便會漸形差異。學拳要學得精純，需以功法築基，紮實鍛鍊，反覆琢磨追求，才能深入探討，而精益求精。

　　重視國術理法者，多已年近古稀，年紀輕壯者，又無視傳統武術的精髓，只求速成，而不欲學務實的奠基功法。大陸雖經文革鬥爭，但民間仍保存許多有價值的武學

資料，是以優秀的武學，猶如歷久不衰的文學作品，定能長久不墜，長存人心，而繼續承繼於後世。

正本清源地傳襲前人的武學精華，是項極為嚴肅的責任，需得大家同心協力，來共同完成，以使優秀地武術資產能淵遠流長，代代延續。

八卦掌先天掌——虎行掌（徐師母示範）

形意拳──燕形

八卦掌後天掌──開掌

八卦掌篇

八卦掌源流考據

　　世俗輿論常有左右是非的力量，如有些破音字較本音字來的通行，令本音字失去了它的原音甚且意義。讀音可以因大眾的普遍接受而忽略它錯誤的使用方式，但有些事務確不容許有這樣的混淆，如武術的傳承。

　　在中國傳統的觀念中，習藝練武，除叩頭行拜師禮之外，最重要的即是尊師重道的思想。不應有竄改師承，欺世盜名的行為，遺憾的是，為成名而不惜捏造師承，顛倒歷史者，仍大有人在。

　　為了探尋八卦掌源流考證資料，余親往北京，與研究八卦掌的康戈武先生，做了一次有關八卦掌考據的訪談錄音記錄，康先生並提供許多珍貴照片及其個人筆錄資料。

　　康戈武，生於1948年，武術啟蒙老師是彭勤先生，後隨沙國政老師習練八卦掌。康戈武曾任北京體育學院副教授，現任職北京中國武術研究院。

　　論及八卦掌的源流，社會上有三種相關傳說：

　　一是香港彭昭曠，依據任致誠《陰陽八盤掌》一書中說法，認為董海川是跟董夢麟學了八盤掌後再名為八卦掌，而有所發展的。

　　二為田迴言八卦掌乃其田氏祖傳武學，已歷時四百餘年，以八卦掌的另一支方式出現。

　　三是有人根據《靖逆記》一書的附會，推論八卦教為

八卦掌的前身。

此三項考證資料，康戈武先生曾在《北京市武協八卦掌研究會會刊》上，做過論證發表，而訪談中的再一次確認，康先生更詳細地釐清部分謎底，訪者亦做了錄音以保存相關史料。

陰陽八盤論來由

香港彭昭曠於1953年，在一份登武俠小說的小報上發表文章「八掌綱要」，其以任致誠《陰陽八盤掌》一書的源流說法為依據，未再參考其它旁證，致使許多後學皆從此說。

康戈武本未就陰陽八盤掌拳藝作考查，緣於一次往河北省查訪八卦掌資料途中，在車上巧遇一與任致誠同村之人，談起一些疑點，便考慮先轉往任致誠居處考查。當年為任執筆著書的高植楷老先生，說明事實的原由後，曾親筆記下事件始末，並蓋章認證，做為康論文依據的實證，此證件仍為康所保留。

1934年孫錫堃所著《八卦拳真傳》出書時，任等同門見書，心中不滿孫取書名為「真傳」二字，似有不敬其它八卦掌體系之意，於是讓徒弟高植楷寫了封信，提出「八卦掌都是一家，看是在那兒分的」，而孫未回信，任即與高同往天津欲拜訪孫錫堃。孫氏正當年輕氣盛功夫好，又在天津經營武館，一見任、高二人到來，誤以為是來交手論功夫的，便換了靴子，準備動手。

任、高二人見狀，心想身為外地人，又處於孫之武館

中，如何能動手？便快快地打道回府。

回村後，心覺窩囊不快，於是立意要另出書，不用八卦掌或八卦拳之名，而以「八卦陰陽手，陰陽兩面動」的特點，取了《陰陽八盤掌》之名，且賭氣要把歷史寫得比《八卦拳真傳》一書還要早。是以有《陰陽八盤掌》拳藝行世，後康將此事述予八盤掌的後人瞭解，他們也都認為應有此可能。

《陰陽八盤掌》，乃仿《八卦拳真傳》一書而作，除體例、寫法上相同外，連記載傳承的篇幅，亦在同一處編排，幾乎完全模仿孫書而成。

且據高植楷先生曰：在任書的原稿中，傳承表上董夢林（麟）三字原書為董林夢，由此連想到《雍正劍俠圖》中，有假託「尚道明」及「何道源」兩道人為師的典故。在調查過程中，與任之相關連人士，所提有關董夢麟的事蹟，全是《雍正劍俠圖》中童林的故事，且言道董夢麟小名叫童林，由此推測其原書之董林夢三字原意在說明這無非是童林的一個夢。後來的出書才把董林夢的順序調整為董夢林（麟）三字，但實際於陰陽八盤掌的傳承表上寫的是董林夢三字。

任氏所學確為八卦掌，八盤掌乃其掌型名稱，其掌型特色是前手掌型上仰，後手掌型下按，一陽一陰，此並非因改名八盤掌後而改編的掌型，因任之師本是華拳基礎，曾跟隨劉寶珍（貞）學習八卦掌，其後就到任致誠的村子教拳。

康曾親訪劉寶珍（貞）弟子教過的地方，查劉氏在外

教授的弟子，未曾有來到任致誠村裏教拳的記錄，是以推測任之師恐非劉氏正式弟子，但八卦掌的掌型拳藝，確由劉寶珍（貞）體系而來。

由高植楷為任致誠執筆的《陰陽八盤掌》，高植楷的師兄弟們都不予承認。此書印行後，任致誠的幾任弟子，評為攪亂源流，胡說八道之作，氣憤所及，將書丟到牛檻糟牛糞，故此書流於世面的不多。

康戈武所考證的《陰陽八盤掌》一文發表後，因內容曾論及日人松田隆智的《中國武術史》內容，與實際調查有不確切之處，並提出正確資料佐證。松田見文曾立即來信感謝其指正，並親訪北京對事實作更進一步地瞭解。

松田是由台灣的徐紀先生處聞知此考證資料的，而徐紀先生亦曾親訪北京，透過周元龍的女婿，即康戈武的同學介紹而結識康戈武，徐對康說明當時松田來台是在其課堂上聽的資料，徐紀本人因對此問題尚未考查，故僅為口述，孰知松田回日本後即行發表，才使錯誤的訊息傳播出來。武術中人若能常以此虛懷若谷求教的心境，從事武術研究、交流，相信對日後武術之提倡定有

《陰陽八盤掌》作者任致誠先生

極大的助益。

田迴八卦門另一支之說

1983 年第四期《武林》雜誌刊出「草談八卦掌」作者署名「北京八卦掌九代繼承人田迴」，同時創刊的《武魂》雜誌亦發表「八卦掌門另一枝」一文，因《武魂》創刊需開招待會，故邀請了康戈武先生參加。但席上聽聞八卦掌文章內容的簡介時，使康起了疑點，繼而就田氏所言進行了一連串的查訪。

田氏提及「我所習的八卦掌，……已有四百多年的歷史了。……因保守不傳外人，只傳本族，故成了閉門之術，未露於世上」。又云其遠祖田豪傑、田宣於明末清初時，在四川峨嵋山一帶從碧雲、靜雲二位道士學八卦掌，後田宣回鄉將八卦掌傳授給族人，從此八卦掌在田氏家族，歷代流傳。

康為查明疑點曾親訪田迴，但田迴終不吐實，亦不告知故居所在，康比對田氏與姜容樵的八卦掌架勢，覺相似處甚多，甚或相同。後康乃透過單位查出田迴故居在天津塘沽區，康託趙大元、邸國勇二位先生先往查訪。

結果得知，田迴所提九代八卦掌傳人之姓名，與家譜記載全不相同，乃其自編而來。其同族人亦一致證明田氏家族無人會武術，更無所謂的祖傳八卦掌之說。

田迴父親田文和，字鈺山，人稱田老垢，有兄弟三人，文其、文遠，族人聲稱此三兄弟不曾會武術。後康戈武又親自查訪，所得結果是一致的。

　　田迴之八卦掌既不是家傳之學，然又源自何處？經康訪得八卦掌名家，解佩啟及其弟子劉芳俊，證實田迴曾從解佩啟大弟子史俊杰處學得八卦掌，解先生的八卦掌拳藝，是由尹福弟子門聘三（門寶珍）所傳授的。

　　由此可知田迴的八卦掌既非祖傳，而八卦門另一支之說亦不能成立。

八卦掌非八卦教

　　將八卦教推論為八卦掌的前身，乃因「八方步」及「坎卦」、「離卦」之說而引起的。清人盛大士撰著的《靖逆記》一書中曾記載：「馮克善，河南滑縣人，少猛鷙有膂力，曾從滑縣朱召村人唐恒樂習武伎。……嘉慶丁巳，有山東濟寧人王祥教馮克善拳法，克善盡得其術。……庚午春，……牛亮臣見克善拳法中有八方步法，亮臣曰：爾步伐似合八卦。克善曰：子何以知之？亮臣曰：我所習坎卦。克善曰：我為離卦。亮臣曰：爾為離，我為坎，我二人離坎交宮，各習其所習可也。」

　　依據清檔案部供單記載：「（嘉慶十八年十二月十六日）據唐胡子即唐恒樂供：滑縣朱兆村人，年六十二歲，賣藥生理，並不習教，平日會打梅花拳，是同村人齊大壯徒弟。……齊大壯已於乾隆五十一年間身故。馮克善是我徒弟。」

　　1981年康戈武與宗金河先生兩度到滑縣考查，經孫輩及多位拳師的證明，唐恒樂確是練梅花拳的，而八方步法是梅花拳系中的練法。梅花拳套有五勢頭、八方步、梅花

老架等。觀八方步練法，以擺步、跟步、沖拳和退步轉身沖拳交替，不斷向四面八方變換進攻方向，與八卦掌的繞圓走圈基本動作完全不同。

有關八卦教的組織，在1989年由馬西沙出的清史研究叢書《清代八卦教》一書中，有明確的考據資料。社會上許多秘密結社，主要是圖大家相互幫助，政府本不干涉，但若政府有欺壓百姓的情事，或百姓對政府的行事不滿，就會藉秘密結社方式，做反對政府的舉動，這類組織，政府才會禁止。八卦教也是這類的秘密結社組織，被政府列為禁教，後改名為天理教又繼續活動。

八卦教，依清代官方檔案史料記錄，原是由劉佐臣先組織起來的，「創教時即分列乾、坎等八卦，尚有數卦未曾得人」，「天理教，按列八卦為八股」，「它以八卦命名，將全教分為乾、坤、坎、離、震、兌、巽、艮八個分支」，而馮克善、牛亮臣都是教內的重要首領。

康曾查證到故宮博物院清檔案部藏「軍機處錄付奏析‧農民運動」中的三則供單。

一為「（嘉慶十八年十二月十六日）馮克善又供……又有掌離卦的郜二，山東東昌府城內人，現已病故係王充之師，王充係王祥之師，王祥即我師」。

其二「（嘉慶十九年正月十二日）馮克善供，我是河南滑縣人，於嘉慶十六年入離卦教。舊離卦教頭王祥病故，因從我的人多，就推我為離卦頭」。

其三「（嘉慶十九年正月十二日）牛亮臣供……十三年正月後，我在馬老太客店內照應門面，……始與（林

清）認識，我聽他講教中真理，就想要入他的教。八月初，林清結案回家，我就到他家宋家莊家裏，點傳我真空家鄉，無生父母八字，我入了林清的坎卦教」。

由審判記錄供單上的供詞可知，馮克善所習的「離卦」是指拜王祥為師加入的八卦教中的「離卦教」，而牛亮臣所習的「坎卦」是指拜林清為師加入的八卦教中的「坎卦教」，是以馮、牛二人對話中的「離卦」、「坎卦」，指的不是拳術，八卦教中的八卦之名，僅是組織名稱代號，與拳術毫無關係，更不足為八卦掌源流之說。

起董海川碑墓記

康戈武先生於考據八卦掌相關資料時，思及董海川之墓碑乃立於北京東郊，而碑文資料應較所收集的文字與口述資料更能做證。乃邀請李子鳴先生同往東郊欲尋碑址，確只見菜園一片，並無碑墓痕跡。

據曾擔任守墓工作的李姓老者言，文革時期破四舊，把碑全給推倒，而墳亦被弄平了，現該地已由生產隊利用，做為種菜收成之用。若要起碑得先挖菜園，故與生產隊長商量，但因當時菜已近收成期，且恐翻土後影響下一期種菜土質，故索價二仟塊錢，才准開挖。

那年是1979年，康向北京體育學院申請經費，報告雖經批准，但錢並無著落。後又轉向文物局說明原由，但文物局當時只願保留民初資料，認為清末文物無保存價值，便不予受理。

既已無技可施，康乃回頭再與生產隊長商量，說明原

墓碑所在地，曾是八卦掌門人買下，作為董之墓地，而今八卦掌門人，只是要把碑及墳起出移走，應無不合理之處，且董公對武術界亦曾有所貢獻，生產隊長聞之有理，雖未索費，但仍以兩日為限，言明菜地需緊接著種冬菜，以趕上北京冬天供菜所需。

康與李老（李子鳴）商量，欲發動北京八卦掌門人。一同幫忙起墳事宜。故約定於1979年的8月2日，早上八時在北京東郊菜地集合，未料晨起大雨，其後雖放晴，但大夥仍是在泥濘地上除菜除草清理場地，康向到場者說明起碑原因及意義，期望能進一步促進日後八卦掌的發展。

到場者有六十歲以上之前輩，先請至院中休息等消息，其餘人則以如小指般粗的鋼條探地尋碑，因石塊與碑混雜不清，有時辛苦挖掘後，才知是石不是碑，故到十點多僅尋到二塊碑，中午時分，請年長的前輩先回去休息，其餘人吃完撈麵，再繼續幹活。李老因不放心沒吃中飯就又回來陪著，其精神實令人欽佩。

下午又尋著一塊碑，三塊碑雖找著了，但均未起出，因約好的北京體育學院支援車子，未及利用就回去了。最後一塊碑是第二天找到的，第一天約來了七十多人，第二天則到了約二、三十人來，凡參加者人均留有簽名，其中不乏有各行各業的。其中懂工程的，建議架三角架，用絞輪陸續將一米五左右深的碑絞起吊放。

但因碑起出後，已無支援的車輛，只得上公路攔大卡車，幸攔得一部空車，說明原由後，司機先生不但首肯幫忙載運，且還請其車上的四位裝卸工幫著把碑弄上車。最

遺憾的是，雖與司機及裝卸工在車前合影留念，但卻始終不知其姓名及其所服務的單位。

起墳後安墳豎碑

起碑後理應重新安墳保存。曾聞董公的墓曾被偷盜，或聞董公曾為太監，死後應火焚不會留屍骨，故推測董公之棺似應為空棺。因於起碑過程中，已探知墳之所在，於是康與李老商量，再次通知八卦掌門人，並擬以傳統禮俗進行起墳程式，如用大杆子架帆布遮陽，意味辦陰間事宜等。挖墳時，墳因地窪積水，且棺之另一頭已被撬開，有泥沙灌入棺內，知棺曾被盜過。

排出水與泥沙後，由當時年已七十餘歲，且懂傳統禮俗的王其昌先生（郭古民弟子，劉介民的師兄弟），親自把董公的屍骨一點一點地起出來，再按生理解剖位置重新排列，並量了尺寸，董公的掌骨很大，一以其身裁魁武，二以其常練掌法會促進掌形增生之故。

墳內屍骨起出後，經在場人士同意，由康戈武先生留下棺內部分遺物，計有二枚銅錢，一枚銅細釦，以資考證年代；一撮頭髮，二枚牙齒中的一枚，為日後興建紀念堂時，供奉之用。

文革以來本已不准安墳豎碑，此次乃藉康戈武先生，以研究八卦掌源流，收集真實材料為目的，而被許可起碑起墳事宜，但再無安墳豎碑的理由，當時體育報，曾批論此事不當。

然康經反覆思慮，深覺對民族文化有貢獻的歷史記

錄，理應延續保存。然而原菜園之地因已納入都市計畫，不得重建墓地，是以康與李老磋商後，慮及董公到北京曾於四王府任職，故最後決定於西郊，舊名為四王府的萬安公墓，重新安墳豎碑，意義較為重大。

安墳要先買墓蓆，康以當時月薪37.5元的收入，首先帶頭捐出10元，李老見狀乃規定其弟子們皆應捐10元，而與李老同輩者則捐10元以上，李老的一位朋友捐資100元，沙國政等人則捐資50元，亦有捐3元以下者，碑上刻名需一字1元，時有入不敷出之負擔。

其後，因碑塊於暫放體育學院圖書館期間，不慎被推倒斷裂，體院為作補償，撥下900元的補助經費，加以海外同門如台灣、香港、日本等地捐資，總計4000多元，雖仍不足，但因八卦掌門人各行各業均有，多以低價提供建材，或義務勞動建築工事，或提供車子服務，連飯錢都是自己貼。就這樣於1981年在萬安公墓，建起了當時該地最宏偉的董海川墓碑。

舉辦安墳豎碑落成儀式時，八卦掌門人大多到場，行列浩大，部分北京知名武術家，如張文廣等人，都到場慶賀。同時舉辦武術表演，康戈武先生也上場表演，有照片留影為證。

安墳豎碑一事，在當時不僅團結了八卦掌門人，且對武術界影響深遠，證實被埋沒的歷史能再次受到正視，史蹟、史事得以延續。此後，豎碑事宜陸續增加，如河北孫祿堂、山西太谷車毅齋，及滄州已故老拳師、陳家溝老拳師等的碑，皆相繼豎立。

董海川靈柩遷葬大會

北京八卦掌名家合影

八卦掌祖師・董海川 （全凱亭繪）

萬安公墓・董海川墓碑

為了繼續弘揚八卦掌武學，北京成立了第一個，也是全國的第一個單項武術研究會「八卦掌研究會」，第一個民間武術團體的產生，對後人起了表率的作用。

在起出的四塊碑中，並未記載董之生卒年月，且查部分董公的二代弟子，亦未於碑文上留名。當時隨董公習拳者，常有數十百千人等，本地人、外地人皆有，而立碑時，是以當時在北京的人為主，遠鄉弟子有聯絡的碑上有名，無聯繫的便不記名。

董公早期到王府任職，全凱亭發現董公「英氣時露」，似非一般作雜務之人，便跟隨董公回住處，要求習武而成為董之早期弟子，並曾為董公畫像，但碑上無全凱亭之名。

張兆東、李存義兩人，因與眼鏡程程廷華、翠花劉劉鳳春等人交善，被稱為武林七賢，程曾向董推薦收張、李為徒，但董公因顧及張、李形意拳的功底已練得不錯，而未收為弟子。然而張、李與董公之弟子間，仍進行相互的武術交流與切磋，當時武風興盛，八卦掌、形意拳、太極拳等拳藝，於功夫上多有實質上的交流。程氏曾吸收形意拳的內勁功底，尹氏則以長拳的爆發勁見長，而張、李的八卦掌技藝，多是從程廷華處習得，後因彼此年相若，都尊董公為師，董公雖亦默認，但未列入碑文中。

道武當劍譜真偽

傳聞董公八卦掌拳藝，是隨九華山畢澄霞處習得，據康戈武先生的查訪，起因應是來自張驤伍所提供的《武當

劍譜》所致。

1932 年，姜容樵先生撰寫「太極八卦攷考二」曾引述「一祖師洞玄真人，本名張全一……，又稱三豐子。三豐拳劍歷若干年傳與張松溪。」後又經五傳至李大年，「大年傳陳蔭昌，安徽人，在九華山養靜，道號丹雲旅者，為第七代；蔭昌傳野鶴道人，一名畢雲霞，或曰避月俠，白髮老人，籍貫未詳，道號還丹子；蔭昌又傳畢澄霞，或曰避燈俠，籍貫未詳，養靜九華山，此二人為同胞兄弟，……為第八代；野鶴道人傳宋德厚，字唯一，奉天北鎮縣人，在醫巫閭山養靜。……唯一卒於民國十四年（1925 年）冬間；畢澄霞傳董海川，順屬文安縣朱家務人，養靜九華山，海川卒於光緒六年冬，海川、唯一為第九代」。下文尚有董海川、宋唯一各別傳授弟子的名單。

姜容樵此文乃依「歲壬申，余主編國術叢刊，搜集國術源流，以為考證。友人吳峻山先生出所藏劍譜示余，題為武當劍，太極八卦歸一。……峻山先生此譜得於驤伍先生，係宋唯一先生所秘授。」而來。

然而康戈武查訪到周遵佛先生的《武當劍譜》原稿本，其後又見到宋唯一傳給其弟子蔣馨山的原稿本。即行與張驤伍的劍譜內容比對。發現原稿淵源及師承部分，皆無八卦掌、董海川之名，且陳蔭昌傳野鶴有籍貫亦有本名，但無畢雲霞之名，更無同胞兄弟畢澄霞，亦未記錄宋唯一以下弟子名單，而宋唯一自序中述其學藝經過時，只說野鶴道人傳其武當劍，亦無傳八卦掌一說。

顯然，張驤伍虛構關於董海川學藝事，及畢澄霞等名

於宋唯一的劍譜上。

　　徐哲東（徐震）先生在《太極拳譜理董、辨偽合編》一書中亦曾辨偽「以此譜附會太極，尚非宋唯一所為，蓋張驤伍、丁齊銳等所為耳。」後引述該文的姜容樵先生，在兩個月後就發表「八卦掌考證」文載「惟八卦掌係由河圖洛書，概按易理卦形發明，斯術為河北文安縣朱家務董海川所傳世。」三年後，為姜提供劍譜的吳峻山先生亦發表「八卦轉掌源流史」提出「八卦轉掌傳自董海川先生」的申明。

董海川武技論談

　　有關董公拳藝來源，為神傳仙授之說，應是錯誤的。《雍正劍俠圖》的作者常杰淼，將童林的師承寫為「尚道明」及「何道原」，即指明崇尚此道就明白了，何必還要追求其源流，也暗喻董海川的拳藝應是自己體會創編而來的。但董公是如何創出這門武學的？經歸納整理出三個來源，以供參照：

第一個來源——是其本身的武術

　　在董公墓碑上記載「幼以武勇名鄉里，弱冠後技益精」，少時在村裏便以武勇出名，年長後武技愈精，已有奠基功夫。康戈武曾親往董公家鄉，河北省文安縣朱家務訪查，根據地方誌《雄縣新誌》內的記載，其家鄉有位董憲周，是大財主，此人威名震河肅，曾跟隨李恭學八番拳，是個功夫極好的人。

　　當時地方上的流寇土匪，捆著村子搶劫，就是不敢搶

董憲周所在的開口村。具董氏家譜記載，董氏家族自山西遷來後，最早落腳之處即是開口村，亦即董姓溢出的初及地，日後才由該地往朱家務分出，董海川的祖上歸宗應是歸於開口村的，故在河北喊董海川為開口董。

董憲周學藝至藝成之時，約在道光年間，其同時亦帶動起開口村的武術興盛時期，董海川有此淵源，故推測其可能在道咸年間，在開口村學過武術。授其藝者可能是董憲周，也可能是董憲周之師李恭。

又，經董氏族人所演練的八番拳與八卦掌的老八掌相互比較，雖八卦掌因承傳發展，各派間略有不同，但其前三掌基本相同，另有些基本動作，在八番拳中也都能找得到。康戈武先生曾發表過兩種拳藝比較的文章，且有照片圖形對照。

第二個來源——是道家的轉天尊

當時的武術技藝中，沒有以走圈為心授法則的。而道家修練術中的轉天尊，才有走圈方式。轉天尊道場中記載，在一本《七真言行傳》中有轉天尊法的相關說明，是邱長春當年用以修道的方法。當時北派七真人修道，六人皆已修成真人，僅剩邱長春未得道，於是自行設法鍛鍊，每日搬石頭上山下山，搬上搬下，一日不慎摔了一跤，皮破骨折覺得很受苦，且搬累就想睡，睡了同樣思想不能專一，心猿意馬。

修道主要是不能昏睡，要控制思想專一。最後終於想出個走轉子的方法。天晴在山上走圈，天雨山洞中走圈。每思瞌睡，就起身走轉圈子，走醒了再念經，反覆練習，

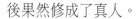

後果然修成了真人。

因此，轉天尊成了邱長春這派流傳下來很重要的修練方法。其書中有四句詩：「人心皆散亂，一念便純真，欲求無上道，大眾轉天尊。」當時董海川曾遊走過吳越巴蜀等地，而越地即為邱長春的道派流傳的地區，董公吸收此法應有其必然性，且此修練法在那一帶的道觀中皆有傳習，並不為奇。

第三個來源——是當時的社會環境，武術已漸形成保留技擊又講究強身的時期，將武術與氣功相互結合。

當時的太極拳家，已明確的提出「強推用意綜合求，延年益歲不老春」的口號。練武既已考慮到健身，在此種背景下，董海川將武術與道家用以練氣的轉天尊結合，便存在其可能性。轉圈與拳術結合後，形成對擺扣步，有很好的訓練作用，又能使動作很靈活，於是轉圈練習法，為武術注入了新血輪，形成新的避正打斜，以正其斜的練法及打鬥技巧。

董海川的八卦掌，除了融合道家的轉圈技巧外，由於其弟子多為帶藝投師，是以在技術方面，亦得到部分弟子精要拳藝，觸類旁通的發揮，應是師徒們共同開展的技術體系成果。如八卦掌的腿法，主要是來自史六的腿法改編，亦加入尹福所精羅漢拳的部分拳藝內容，在北京的老先生皆知此事。

史六與尹福皆是在成名後，才又拜在董海川的門下。據聞一日史六在練功，董公欲踢史六的腿，史六即時避

開，董曰賊腿。史六與人交手時，能起腿打人左右耳光，腿法極快，一下就躲開了，董公愛其腿功迅捷，遂改編為轉圈的腿法練習，豐富了八卦掌的內容。

在拳理方面，董海川常口授交手時的應變方式，此口述日漸形成一種理論基礎，後才漸將易理理論納入其中，「以易理述拳理」，並非是先有八卦之理再編以拳術，而是先有了拳術基礎，再以易理來解說。

孫錫堃的書中曾記載「既成拳術，附按易理，定八卦，合五行，先著內義，此道遂益完備」，而郭古民及曾省三的書中亦有「記易理說明拳理」的載述。因此可推論八卦掌武學，乃董海川以本身的拳術，加上轉圈的形式練氣練拳，再配以後來的記易理述拳理，而奠定下八卦掌的拳藝術理基礎，而形成一完備的武術體系。

康戈武習武歷程

康戈武先生，本籍雲南，在雲南時練的是外家拳，後在沙國政的武術隊裏，練刀、槍、劍、棍、長拳等武藝，槍法曾於比賽時進過前三名，文革後，比賽用的武術暫都不練，才開始接觸內家拳學，因八卦掌的動作靈活矯變，易理也很吸引人，故主練八卦掌。

沙老師在避居昆明的滇池邊時，曾單獨而有系統地教授康戈武，康再自行整理成筆記，由八卦掌先後天掌法開始，繼有形意拳的五行、十二形、五形連環，通臂拳的前十二掌、中十二掌、後十二掌等套路，奠定康之武學的基礎。

康在北京當研究生，在決定研究論文題目時，本以「武術對人體的影響」為題，經指導老師們討論後，認為題目淺而不妥，另提出三方面議題建議。

一是「武術的技術原理」，二是「武術的發展方向」，三為「武術的教學法」。康經融會長者的意見，縮小範圍提出「槍的技術原理」為題。但溫繼民先生建言其所習為花槍，非戰場上的大槍用法，當時國家尚未進行挖掘整理，連大槍都不曾見過，如何論述。

蔡龍雲先生建議其專研一項拳種，如蔡龍雲擅華拳，康的指導老師張文廣擅查拳，北京獨門是三皇炮拳，皆可研究，但研究這些拳，都得重頭練起，思及八卦掌原亦萌芽興盛於北京，有基本環境在，且康自己曾有系統地習練過，於是改以「八卦掌」為論文課題。

著手訪武術實事

撰寫論文要收集真材實料，但當時有關八卦掌的資料，皆是後期出書的資料，北京本身反而資料有限。

1973年康即認識李子鳴先生，知其對八卦掌有所貢獻，乃先從拜訪李老著手，李老聞其將致力於八卦掌研究，慶喜必能推動八卦掌的發展，於是將其畢生收集的整書櫃八卦掌的書籍欲贈給康研讀，但康慮及此為李老一生辛苦經營所得，改以長期借閱方式研究。

李老當時已退休在家，閒餘常以工整毛筆親手抄錄資料給康，或常自資曬圖備資料相贈，對康之研究助益良多。其師沙國政先生，亦提供藏書供康抄錄。

康以這些資料為基礎，其餘資料多由三方面收集而來，一為圖書館的書冊、史料，二為一些老者所提供的資料及部分私相傳予資料，三再配合實地證調查。

而出外前的準備，一是技術上的，對方問及自身武學時，才能以交換心得的方式做切磋研究，或資料集。二是學術上的，要作歷史探源需得懂得一些考證歷史的知識及考證程式，而在這方面，清華大學歷史教授劉桂生，建言資料若由口碑而來，需記錄並請對方確認後簽字，日後才有憑證。另人民大學歷史教授程嘨，原是研究義和團、白蓮教等民間秘密結社組織歷史的，清宮史館內這方面的資料較熟，對於康查對董海川任職清宮記錄，有關義和團、白蓮教、天理教與武術相關的檔案，八卦教馮克善等農民起義軍事件之組織歷史時的幫助很大。使康能由史學的文章中，收集到社會性的資料，來佐證武術的發展及其時代背景。

考查先求功底強

武術的考證調查著實不易，因各家老前輩總要先考驗來者的功夫內涵，來意是偷拳、斂財，還是真為收集考證資料，以佐證武術的發展及其時代背景的。故拜訪必先問及師承，再走趟拳看看，不得欺瞞。若被認定是同系統的人，「人不親藝親」，熟絡後資料便較願意提供，問題也能詳實地解答，是以考據事務，必得先對該事務熟悉，才能通行無阻。

出外考據的額外收穫，是時可得到前輩的指正，同時

也吸收到各門各家，練法上的長處及特點。旅途中，康覺得只要其對研究武術方面有幫助，或與八卦掌的發展有關係的，都會涉略查訪，順道亦收集了梅花拳與硬氣功的資料。康戈武先生收集資料，需實見文物釐清來源，儘量帶走原件備查，否則必攜回複印，重要的另製成照片保存，口述筆錄者，請原述人過目認證後簽名，重要資料，或請原述者，親筆書面提供。如高植楷證明「陰陽八盤掌」是由八卦掌改名而來的資料，便請其親筆寫出，並蓋章認證。

出外查訪九華山

康為調查九華山傳說的虛實，親上九華山，與和尚或道士同食同臥，為實地瞭解，不辭辛苦遍查山址，但結論是九華山沒有練八卦掌的。孫錫堃提到九華山，是在書上畫圖，一人在轉掌，旁邊旗子上寫九華山，後面道觀掛著牌子上寫著靜修庵。

康在九華山尋不到靜修庵，僅在山腳下，有個靜修茅舖，無道士只有尼姑，且非公共場所，是一有錢人家所修的家廟，供自家人修佛用，跟八卦掌毫無關係，故孫錫堃書中的畫應與八卦掌無關。

康在出外走訪期間，雖殊多不適，但對修練及氣功方面的收益確是不少，如浙江前窟區燕巢洞，道長曾以「萬兩黃金不賣道，十字街頭送智人」，與康結緣教以道家練氣功的十二功法，收穫極大。康曾以「朝遊雲海暮穿霞，千里辨源尋拳家，酷暑毒蟲掃睡意，急以輕風洗疲乏。演

武殿堂識舊藝，問道深山知古話，路進峰巔踏海角，求真攬勝走天涯」一詩寫其遊訪心情。

河北冀中，即董海川常活動的地方，康就親往考查四次，於農民同食同坑。康在北方第一次睡坑頭，即是在董海川的家鄉朱家務，住在董公叔伯兄弟的後人董秋陽家中。考查過程中，總體而言，所遇到的人，為了武術的發展及繼承，都積極地給康提供資料，幫助介紹線索，進行調查瞭解，但仍是有拐騙者，如謊稱有八卦掌秘傳石刻本拳譜，以江湖拐騙技藝唬人者。

康戈武先生對考證一事的態度極為嚴謹而認真，對相關的人、事、物定要訪得徹底，以充實資料的可信度，武術界極需此類求真求實者存在，若從事武學研究之人能本虛心就教的心境，多做交流與溝通，便能助益正當武學的發展與興盛。

余此行訪北京時，亦曾拜訪北京八卦掌研究會會長李子鳴老先生，李老時已九十高齡，身體違和。其後康戈武先生告知兩位武術名家先後故世，一為康戈武之老師沙國政先生，於1992年8月7日逝世，享年89歲。二為萬籟聲老先生，於1992年的8月8日辭世，享年90歲。痛失兩位武術長者，深感遺憾。

天津訪程派高式八卦掌

1992年8月，余赴天津，訪同為「程派高式」八卦掌體系的傳人，劉樹行先生。劉樹行，生於1947年是高義盛弟子劉鳳彩的姪孫，十四歲開始跟著劉鳳彩先生及其弟子一起練功。劉樹行先生與高義盛有五輩的親戚關係，劉鳳彩與高義盛為同鄉但不同村，因高義盛的姊姊，嫁給劉家祖輩而成親戚，劉鳳彩稱高義盛為舅爺。劉鳳彩先生，已於1987年逝世，享年80歲。

余到達天津時，適逢天津舉辦三天的「精武武術表演邀請賽」於當天剛結束，與會人員應北京市武術協會邀請，欲攝取各門派拳套架式精要部分，以便集成錄影資料發表，已相約於第二天，即8月20日的早上，於天津水上公園集結各武術好手，一起取景拍照。

余與劉樹行先生秉燭夜談時，劉為印證其所出版《程派高式八卦掌譜》一書內容的真實性，特別出示劉鳳彩先生傳給他的家傳拳譜《八卦掌譜》，拳譜外是以藍布套封扣，內有六冊線裝本，保存極其完整，經劉同意特將冊面及外型拍照留影。

此冊拳譜劉鳳彩先生的入門弟子王書聲老師，亦曾以毛筆抄錄過一套，劉樹行先生保存的是原譜。由於劉的父執輩中沒有練拳的，惟劉樹行肯練，故劉鳳彩先生便將拳推廣。

69

　　八卦掌拳譜的內容，其中載有五行拳，應是高義盛由其師兄周玉祥處切磋研習而來。八卦掌藝則區分陰陽五行，另有八卦形拳、十二形，但與形意的十二形不同，另有六十四式散手的練法，含用法、破法及兩人對練的招

程派高式八卦掌宗師高義盛先生

式。高義盛老家練的是紅拳，後隨周玉詳習練八卦掌，周是形意拳名家李存義先生的弟子，攻底深厚，人稱「三黑」，其一即專以「開掌」打人，號稱「絕掌」，喻變化之快。

程派高式八卦掌宗師劉鳳彩先生

　　高義盛集內外家拳藝之長於一身，再將八卦掌及形意拳藝融合貫通，體驗出後天六十四式掌法的變化，藝成返鄉後，在家鄉與各武場比練，無人是其對手，於是開始在家鄉傳授八卦掌拳藝。

　　後天掌起式，原是以三體式作起式，天津則是以後天的七星掌作為起式。劉樹行先生證實，譜中雖有形意拳的內容，但劉鳳彩先生並未練形意拳，故天津一支的八卦掌承傳中，並無教練形意拳。

　　拳譜中，除八卦掌、五行拳的拳譜外，尚載有道家養生功法。拳譜的寫成，於1927年即已完成初稿，經1932年到1936年間，陸續重複校定後，才完成定稿。

　　先天八卦掌，以轉掌為首，換掌為母，生出八路翻身先天掌法，再以烏龍擺尾式結尾。先天轉掌式要領，強調以後手食指對前手肘尖，兩臂抱圓，側身對圈心，以使身法充分擰轉。先天掌中的燕翻蓋手掌，對於掌型的擰翻最為明顯，其小指須再向上翻躍。劉鳳彩先生七十六歲退休後，曾示範先天八卦掌身法、身形的練法，並拍照保存，動作依然靈巧，實難能可貴。

　　在八卦掌的器械方面，有鉞、劍、刀、槍、拐等，均以轉圈的方式練功，余此行曾親見八卦刀、八卦劍及子午鴛鴦鉞。八卦刀長1米4，重2.25公斤，由劉鳳彩先生傳下，現存放於劉樹行家中。劍則較刀短些，約1米3許，重2.5公斤，原是八卦掌名家孫祿堂先生所有，後經齊少禎將劍轉贈予劉鳳彩先生。

　　劉樹行九歲開始在家鄉跟著劉鳳彩先生練拳。據劉樹

行先生言，在《程派高式八卦掌譜—八卦柔身連環掌》一書中，所列的「山」字輩傳人，除劉鳳彩先生是高義盛在家鄉收的徒弟外，其餘都是在天津收的弟子。

高氏弟子中與劉鳳彩往來較密切的師兄弟有八位，關雲發是老大、安繼海第二、李雲章行三、張玉峰排四、徐明喬老五、劉鳳彩第六（人稱六爺）、曲克章行七、間佩林是老么。

另吳洪山是在家鄉，被高義盛技服後，拜高義盛為師，並為高義盛開設中藥舖營生。

劉鳳彩先生，精於先天轉掌鍛鍊法，除八卦掌藝外，在器械方面他還擅長「夜戰刀」套路練法。此刀法是一綠林大盜傳給劉鳳彩同鄉的王茂林先生。

雖聞王茂林只被授予六趟刀法，但在濟南比賽時，無人刀法可比單刀王王茂林，故夜戰刀在濟南享有盛名。這套夜戰刀，有拐、勾、上點、下挑等技巧，大多直攻對方腕部，適於夜晚交手時用，完全憑感覺擊對方手腕。

劉鳳彩在老家時，先以八卦掌贏了王茂林，對方雖認輸，但劉鳳彩亦輸在對方，以煙袋桿代替刀械的夜戰刀技法上，是以兩人乃以藝換藝。

劉鳳彩得意弟子王書聲老師，早期原是練八極拳，當初王書聲老師，本對八卦掌轉圈走步的實戰性，感到懷疑。後與劉鳳彩先生交手，兩手被劉卯住，動彈不得，才體驗到八卦掌的厲害，當場就要拜師，但劉鳳彩不收。王書聲老師一直隨在劉鳳彩的教習場內，習練好幾年後，劉鳳彩才正式收為徒弟。

八卦劍

八卦刀　王書聲老師示範

八卦鉞

八卦搶

王書聲老師入門後，專研八卦掌法，功夫以實戰用法見長。王師於1987年4月，曾應邀到日本講授八卦掌，頗得日本人的回響及好評。日本的武術雜誌亦曾大事報導此事。一次在記者的要求下，作八卦掌實戰用法的示範表演，王師點到為止即收式。

但攝影的記者不甚滿意，意欲拍得一個有實際效果的畫面，即實打鏡頭，故著人找來一黑帶空手道四段武者上場，王師乃應其要求，一個擰轉身法，便將該武者擊出場外，贏得滿堂喝采，因而聲名大噪，使八卦掌的拳藝，更廣泛地在日本流傳起來，其功勞匪淺。

因劉樹行較王書聲老師年幼，對王書聲老師，不稱師兄，而以大爺相稱。在《程派高式八卦掌譜—八卦柔身連環掌》一書的編後語中，也提及：「王書聲先生乃吾叔祖——劉鳳彩先生之得意入室弟子，武技超群，尤精技擊。且為人忠義正直豪爽，深為高氏眾傳人所推崇。筆者與王先生雖同出一門，因王先生年長超過家父，故結為忘年之交，余敬其為師長並尊稱其為『伯』」。

王書聲老師，著重實戰練法，以散手、用法見長，其所練的八卦沾身槍，動作小但很實用。曾改編了一套二路八卦散手。二路八卦散手，融合先、後天招式，以用法為主，亦演化出八個圈六十四式招法，動手皆在圈內，天津正承傳此套路練法。

王書聲老師在天津授拳中，較得意的弟子，有戈國良、李學義等人。王師原於天津南開武術館，及振華武術館授藝，現已由其弟子戈國良及李學義兩人分別督導學生

習拳。戈國良於1964年參加摔跤賽，得天津前五名。戈國良之子戈大偉，徒弟苑鵬夫，與王師的弟子，田慶平、趙俊德四人，在水上公園拍照時，亦曾演練拆手架式，攝照留影。

與王書聲老師一同叩頭拜師入門的師兄弟共五人，劉少臣、李長江、楊知生、董潔高及王師，目前僅王師繼續追求武術拳藝。

康戈武先生是在北京武術體育學院當研究生時，為發表一篇考證八卦掌源流的論文，欲匯集八卦掌源流的資料，曾與劉樹行先生接觸。康戈武來天津，本欲尋找三位八卦掌名師，江青山、蕭海波、劉鳳彩，劉鳳彩因不求聲名，不允接見，而江青山尋找未獲，蕭海波已然仙歸，康只得回頭再找劉鳳彩。

劉鳳彩讓劉樹行直接與康戈武接頭，康到劉樹行家，作徹夜長談與瞭解錄音，後又經劉樹行先生引薦，往王書聲老師家裏，續作錄音筆錄的資料搜集。

康於天津切磋拳藝時，曾對劉鳳彩所練的烏龍擺尾掌法最感興趣，對該身法之擰翻走轉，猶如行雲流水，猶讚嘆不已。其後，康發表「八卦掌探源之研究」論文，再度掀起八卦掌武學興盛的高潮。

在董海川的墓碑上，便刻有劉鳳彩先生之名，而王書聲老師亦曾到李子鳴先生家拜訪。

康戈武曾探討過尹派八卦掌的資料，尹派掌型與程派不同，為牛舌掌，虎口按握而不開，目前天津、北京仍有傳人。尹福原練羅漢拳出身，要練尹派八卦掌，先得練會

羅漢拳，是以尹派八卦掌勁力較剛。

康戈武先生授業師父沙國政先生，亦曾跟隨姜容樵習拳藝，姜容樵是張兆東的傳人。沙國政曾自創改編轉圈式及鉞的練式。王書聲老師曾在鄭州遇到沙國政，王氏練了四門鉞的架式，與沙氏互相切磋。

王稱沙氏所自編的拳套，若是在實戰用法方面，編的合情合理，亦能自成一體系，套路乃個人集聚心得體會編纂而來的，只要理術兼備，便無有軒輊之分。

「程派高式」八卦掌一脈的傳人，應有先、後天八卦掌法與刀、劍、鉞等器械的練法。八卦掌法，本源為一，但各家各派因體驗不同，而延伸出不同練法差異，八卦掌習者，應就拳藝部分多方切磋瞭解，方能使八卦掌拳藝，不斷地提升而向前邁進。

天津同門師兄弟合影（中：王書聲老師）

戈國良、李學義天津摔跤示範

高氏宗脈——八卦掌拳譜

　　台始易宗張峻峰老師的內家武學，承襲自高義盛一脈拳藝，以八卦掌而言，其不但有先後天的拳架招式，且於拳技要領論述方面，亦有其獨到見解。

　　八卦掌講究柔韌技法，避鋒走偏，以靈活的走轉步法、身法發揮以柔克剛，打即是走，走亦是打的戰略，並較其他拳術更為注重，全體性的擰轉身法應變。這些要領，經過歷代大師們的整理，集結成八卦掌的拳譜要論，作為八卦掌後學者的習拳進階依據。

　　在八卦掌的相關拳譜記載中，先天掌法著重走轉身法的反應鍛鍊，以十個掌法練功，為首者為單換掌，其次為蛇形順式掌、龍形穿手掌、回身打虎掌、燕翻蓋手掌、轉身反背掌、擰身探馬掌、翻身背插掌、停身搬扣掌，收尾則為烏龍擺尾掌，乃八卦掌式，築基之根源。

　　後天掌法，則著重應戰攻防之招式變化，是以八路六十四式掌法，依易經八卦之名，區分為乾、坎、艮、震、巽、離、坤、兌八路，每路八式，八八六十四式掌法，可連貫練習，亦有單操練法，且內含生剋對拆訣竅，活用時能發揮擰、翻、走、轉的要領。

　　常言：克敵時，著重在能借力打力，不但要靈巧且要變化多端，猶如神龍見首不見尾般，變化萬千。這就是八卦掌強調身柔巧變及招式連環妙用的重點所在。

　　套路拳架，只要肯苦練，自有練成之日，但要能更深一層地體會拳套架式中的奧妙，除受業師父的指引、自身刻骨銘心的體驗之外，代代相傳的拳譜，是幫助習者及早登堂入室的不二法門。

　　歷代的傳藝師父，常會保留一份精要口訣在身邊，不輕易示人或傳襲。為師者當然期望技藝不要誤傳匪人，遺害後世，也盼望一門拳藝確能得人以發揚、興盛而代代相傳。故在授徒時，除反覆徵驗習者之品性學藝外，也期待能覓得一位有承擔承先啟後使命能力的徒弟，得以傾囊相授，將心傳秘笈傳授之，是以往昔傳藝時，多有不過六耳之說。但也就因為如此的慎重，有些技藝反而因此而失傳，尤其是口傳心授部分，更是隨業師歸土而無跡可尋，實極為可惜。

　　而在每代接受承傳使命的弟子中，常因本身對拳藝之體驗心得有所不同，也會陸續留下不同範疇的理論解說，其或將拳譜內容做適當的增補刪修，或另在拳譜之後補充其個人心得記要，於是拳譜也就會有先後版本的不同。

　　由於武術的境界，最後多是殊途同歸，故而即便弟子們因各別因素導致所持拳譜不同，但於追求拳理一途上，同樣可進入武學高層次的領域。

高氏一脈八卦掌拳譜概述

　　以高義盛一脈的八卦掌拳譜而言，余曾在探訪本門各方面資料時，見過幾種不同的八卦拳譜論述。在高義盛之前是否有拳譜承傳？在此暫且不論，而在所見所聞中，能

掌握而較明確的內家八卦掌拳譜，仍以高義盛一脈的拳譜資料較為齊全。

不同版本的拳譜間，先後天掌拳譜部分多大同小異，或為招式名稱，或是排列順序，或略有增補刪引內容者，但在字義解說詮釋上，皆不失原意精要。可謂為八卦掌後學之士，留下了極重要的八卦掌拳藝理論之文獻記錄。

杜召棠、高義盛拳譜版本

民國二十四年時，新天津叢書出版部出版一冊，由杜召棠編著的拳術秘本《游身連環八卦掌》，杜召棠為高義盛之弟子且為〔新天津報〕的小說編輯。

該書對八卦掌的套路練法，已有圖文及歌訣釋義，此版本為單本印刷發行，並非手抄本，現將其目錄編排順序順列如後，以供參考：

董海川得藝之神異	十條規戒
董海川小傳	八卦掌所傳統系表
八卦掌轉樹圖	武八卦圖
八卦掌註	游身連環八卦掌總論
八卦掌交戰論	轉掌內功順序法
轉掌圓圈歌	轉掌圓圈圖
轉掌式	換掌內功成式法
換掌式	八路翻身歌
蛇形順式掌成式法	龍形穿手掌成式法
回身打虎掌成式法	燕翻蓋手掌成式法
轉身反背掌成式法	擰身探馬掌成式法

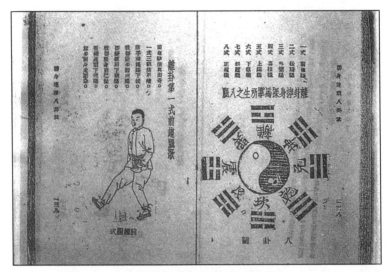

杜召棠──游身連環八卦掌

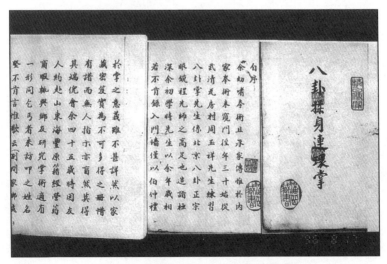

天津高氏傳板──八卦揉身連環掌

　　但遺憾的是該拳譜並無高義盛的序或杜召棠本人的序文。曾聞此版本原為高義盛所有，而高氏本人並無出版拳譜公開內容之意，而是杜召棠自其師處取得草本後，自行加以整理發行。後高氏得知杜之行徑，遷怒之餘。便於民國25年與其弟子著手自行整理編撰高氏拳譜版本並附以高義盛之序文，言明其習拳經歷，以抄錄方式，成為留傳給入門弟子的拳譜依據。

　　此事雖為傳聞，但杜召棠即為高之弟子，無論是代師出書或自己發行，似應有高氏之序文，而高氏編著的版本，在其序文中對高氏自己練拳、得譜的經歷確記述甚詳，且在高氏版本拳譜中，也有弟子協助抄錄之記載。諸此疑點，當盼日後能陸續徵驗澄清。

　　高氏拳譜輯集方式，共區分為五卷較有體系，現將高氏版本的目錄編排列示於後：

卷一‧董師受業始末記（附續及傳承字輩）

師牌圖	練藝樹圖
武八卦圖	八卦掌序
八卦掌總論	武藝較戰論
轉掌養身歌	轉掌內功成式法
先天八卦圖歌	換掌內功成式法
轉換掌式圖歌	八卦翻身圖歌
烏龍擺尾歌	八卦總名圖
行步式八卦圖	

卷二：五行陰陽動靜變化　　乾卦八式圖歌

坎卦八式圖歌　　　　　　艮卦八式圖歌

此版本，與杜召棠版本內容，除部分招式名稱不同外，一篇排列於「董師受業始末記」後「附續」及「傳承字輩」，是杜本所沒有的。而高本亦較杜本多出一些內功及氣功練法記要，是練功者，修養內力時，很重要的理論依據。

其中高義盛的序文，是一篇很重要的參考記錄，現將高義盛序載錄於後，以供參照：

「余幼嗜拳術且承家傳，惟於內家拳術未窺門徑，年三十從武清瓦房村周玉祥先生練習八卦掌，先生係北京八卦正宗眼鏡程先師之高足也，造詣極深。余初學時，先生以余年歲相若，不肯錄入門牆，僅以伯仲禮見，余終不敢居也，後承先生於赴京之便，始偕往保引，投入程先師之門，然仍從先生繼續練習，轉瞬十五年間，專心致力於八卦掌，遂略有所得。

時有柳河王樹裳者，持八卦掌譜來示，王業商京都，夙亦從程先師遊，云此譜係得之於肅王府，譜中於掌之意義雖不甚詳，然以家藏秘笈，實為不可多得之冊，惜有譜而無人指示，亦茫然莫得其端倪。

會余四十五歲時，因友人約赴山東海豐原籍經營藥商，暇輒與鄉友研究掌術，適有一形同乞丐者來訪，叩之姓名堅不肯言，惟歌云：『別問家鄉處，咱是一家人，練藝無有尾，我是宋異人，學會完全套，普傳天下君，傳藝別留手，纔算提倡人。』因以宋異人呼之。

後與余漸洽過從甚密，一日偶遊大山見異人居於山顛之洞中，與談掌術，詎異人所講之意義，均與余曩得之於

王樹棠君之譜相合，遂曲意求教，數年始豁然，前從周先
生所習者，乃八卦先天之術，而宋異人所習者蓋後天之道
耳。數十年來昕夕研求，加意揣摩，綜合先後天之術而成
此書，並承鄉友劉成美先生逐式繪圖，余復加以說明譯成
歌譜，使後之繼余而學者一目了然，雖不敢稱之為譜，然
於八卦掌失傳之處，僉謂不無補遺，俾其餘緒不致失墜
也。書成抄閱審定，因序其緣起云。

　　民國二十五年孟冬山左高義盛序於津沽　　受業劉伯
庸敬撰」

高氏弟子承襲之八卦掌拳譜

　　在此兩版本之後的拳譜，年份均較晚，就目前所知，
《八卦掌拳譜》版本的內容，從卷一至卷五，與高氏拳譜
同，而另附以卷六論及練氣養生方面的內容，且各卷自成
一冊，共計六冊，全是手抄本，應是高氏弟子將拳譜依卷
分冊地抄錄之故，現將其不同於高氏的第六卷目錄抄錄下
來，作為比較：

　　卷六：論丹田有三　　　　論背有三關
　　　　　保養精氣神　　　　古有真人至人聖人賢人
　　　　　論上古天真　　　　四氣調神
　　　　　以道療病　　　　　虛心合道
　　　　　學道無早晚　　　　人心合天機
　　　　　搬運服食　　　　　按摩導引
　　　　　攝養要訣　　　　　還丹內練法
　　　　　養性禁忌　　　　　四時節宣

先賢格言　　　　精為身本
精為至寶　　　　修腎功法

第六冊，關於養丹修練方法，記述的較詳盡，應是高氏弟子增錄於拳譜後面，以為後學練功時之參考。許多武界高手，藉由道功、養生術、氣功引導等方法，來培元養氣，主要便是在藉以增強並鞏固自身的元氣及內力，習武者要想將功夫練到上乘，便需懂得這些方針，以培育內力功法，而不致勿入岐途。

常云：練拳不練功，到老一場空。實乃道出習武者培育功法的重要性。

台始易宗拳譜─周天術

張峻峰老師為高義盛之弟子，其創立「台始易宗」在台傳藝時，留傳給入門弟子的拳譜《周天術》，是自成一格的版本，內容雖有延續自高氏版本，但亦有張氏自行編排的內容，另附圖文說明，並增添附錄輯集太極拳譜歌訣資料。

《周天術》拳譜，由張氏之在台弟子協助完成，張氏本人並未留有序文，僅由其弟子代序一篇張氏略歷，簡述張氏習藝及來台經歷。

此版本恐受到當時人文背景、地域及時代的因素影響，在整冊編排上，應是經過張氏挑選排定過的，但在拳譜的基本理論上，張氏並無擅改異動，張氏本人是極反對擅改歷代先師傳下來的拳譜內容的。在此仍先將《周天術》編排目錄呈現於後：

太極拳虛實訣　　　　　太極拳十三式行功法

太極拳八字法　　　　　太極拳十八在訣

易宗宗法──金函口訣

拳譜是代代承傳中，承傳弟子應皆能持有拳要內容。張峻峰老師另有一本，絕不輕易離身的拳譜，《金函口訣》，聞吳孟俠與張峻峰均有此本拳譜。其內容除歌訣不同於其他拳譜外，內尚有拳譜內容之技擊詳解，至為珍貴。

在為首篇輯上，以筆記著「周天術廣華哲宗同易派」，想係來自於拳譜中記載「宗派者系統也，掌中之傳，係以哲為宗，以易為派，以周天之大數，武術中之真理為原則……」之原理而來。

張氏將其外傳拳譜，取名為「周天術」，想是以此構思而來，亦未可知。吳孟俠曾在天津成立「廣華哲宗同義社」，亦應非巧合。由於內容精要，不但實用且明確，確實堪為不過六耳之心傳秘本，難怪為師者要嚴守，以待薪傳之徒。

茲將心傳口訣拳譜內容提要概述於後：

八卦掌概論　　　　　　掌中術理之定法

掌中之練法　　　　　　四路樁法

八蹬纏掌　　　　　　　天干十式

地支十二象形　　　　　先天轉掌十式（四形四身）

後天纏掌六十四式　　　八卦掌訣

先天轉掌訣　　　　　　後天纏掌訣

易宗傳拳譜

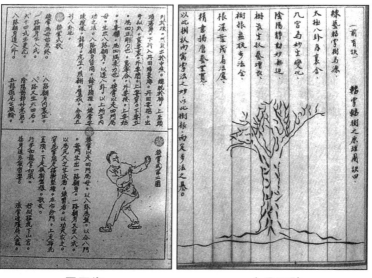

周天術　　　　　　　　金函口訣

轉樹訣	轉掌訣
八式轉身訣	換掌訣
蛇形順式掌訣	龍形穿手掌訣
虎形回身掌訣	燕形蓋手掌訣
轉身反背掌訣	擰身探馬掌訣
翻身背插掌訣	停身搬扣掌訣
五龍擺尾掌訣	後天六十四纏掌訣
無極混元訣	二儀訣
三節訣	四梢訣
五行訣	六合訣
七星訣	八卦訣
九宮訣	十靜訣
十一動訣	十二法訣
天干訣	散打訣
十字步訣	五行步訣
行步訣	撞掌訣
椿法訣	八勢一竅訣
五字真經訣	十二固法誌略
繪十二圖解	總八綱領
生八綱領	剋八綱領
八要綱領	十二固法詳解(六論七十八解)
掌中嫡傳統系輩	五行八卦合一說
先後天混圖解	轉掌轉樹之原理圖解
十二部圖詳解	三盤體用圖解
五行功	托功

三七真傳	意行功
十二象形之概要	十字法
內功丹爐坎離法概要	格言錄

在拳譜之中，載有一段切囑歸宗弟子的訓言：

「傳曰：武道須有武德，義重藝不重，

尊藝必先尊師，授輕受莫輕。」

是承傳歸宗弟子切需遵守的品格訓示，可見習武者，除了武藝需不斷精進之外，在德行修養上，亦需不斷自我提升，以達到內外雙修的境界，才足以擔當承傳之責。

上述各拳譜目錄的載示，僅提供參考，至於拳譜的內容，先學前輩們為了便於後學者之易於記誦，拳譜多以歌訣或詩句方式，表達心得，遇有訣竅處，才另行說明，或繪圖示意，或具文解說，無非是想協助後學者，增長自身功法技藝。

理論與拳架基礎須得齊頭並進，方能在不同層次中，瞭解拳譜內容的深意。拳譜是輔助習者進步並徵驗習者功法的依據，但若習武者，不用心體會以印證學理，則拳譜對之如無用之物，反而糟蹋了拳譜的心血，尤其是內家拳學，係易學難精的拳藝，更需心體神會，不斷地應驗追求。

由於內家拳藝特性所然，八卦掌譜的歌訣內容編撰，亦呈現出辭簡意深的現象，如八卦掌基本歌訣中，轉掌圓圈歌及轉掌式歌是例：

「練功轉掌足根源　以圈為法走要圓

圈裏為裏圈外外　圈為先天八卦盤

　　　　裹掌要領指要領　　外掌要蹬力要全
　　　　調理陰陽合氣血　　頤養精神妙如仙」

「練藝轉掌是首功　　蹲襠下氣合前胸
　　兩足踏地指用力　　前手外擺似擰繩
　　後肘用力心窩對　　手指緊隨前肘行
　　轉掌變式名換掌　　手足一動令人驚」

　　看似簡明，實則字裏行間的哲理，足堪令習者玩味無限。習者在熟練動作後，再依歌訣追求細部要領，方能達到理術兼備的功夫。

　　八卦掌先天掌法訣，多為練法歌訣，而後天掌法則為生剋對拆歌訣，因先天十首加上後天六十四首數量較多，在此不再備載。

　　當然若拳譜理論能得師父親自指點迷津，是最適當不過的了，一則習者不會受到盲點誤導，二則得師指導開竅、進步較快。以往習武者，會追隨師父多年，親侍左右，其原因除尊師重道外，便是在期盼能多得到一些師父的要領指點。

　　功法方面的解說，極講究身體各樞紐間的暢通連貫，針對三節、四梢、五行、六合、七星等都作了註明，這些解說為功法的奠基功夫，深體要領需得實際下苦功，方能瞭解其中奧妙。隨之而後者，即為身形變化及應戰時進退方法。如在「顧法說」中說明：

　　「顧法者，內顧外顧是也。內顧者，從內而發，隨機應變，渾身是法。又有三前，手前、眼前、腳前，皆須明

白。要小心謹慎，身一去，宜用搶步，搶上聚精凝神。五行要備，出手似直而非直，似曲而非。兩肘不離肋，兩手不離心。出洞入洞緊隨身，使敵無所措手，無門而入也。」

便是指於運用時，所應注意的要點。

其實各拳譜在先後天歌訣及解說上，並無多大區別，但習拳並非練就拳架漂亮而已，它的實用性亦很重要。

在清末民初時期，打擂臺之風尚存，當時的習武者，多重實用性，而八卦掌的實用性，在《金函口訣》中解釋甚明，確能道出八卦掌的真意。

如「進退捷如風，失機退宜快」的句子，便強調應敵時，快速應變之法。又如「單手能打雙手將，臨敵切記須離中」，則是在用法中，同時點明技巧所在。

《金函口訣》中，對各要領的解說，從內體到外用，由意念帶動勁力，自練法到實戰應變，均極為完備，在一〇八首歌訣中，道出了八卦掌全貌，有些更是其餘拳譜中所沒有的歌訣要意，確為八卦掌拳藝之至寶。拳譜中有關十大天干的練法歌訣、無極混元訣及五字真經訣等，更是獨樹一格的實用訣法。

發揮拳譜尚需因人得宜

拳譜記錄，雖是歷代傳人精心編纂的論述，惟非本門之人得之無用，既是本門之人得之，而不能體其用者亦無從發揮。因而為師者，長期花費時日，考驗習練者之內外素質條件，自是有其道理存在。

於此，更能體會出一門技藝，擇取承傳能人的嚴謹及

慎重，惟適才適能者，方能善體拳譜心血之得來不易，才能運用拳譜發揮其潛能，並珍視拳譜的重要性，無怪乎，名師常將口傳心授的拳譜，視如珍寶，時或較之自身性命還要寶貴，而習武者的武德，較武藝更形重要。然而不經意便隨業師歸土的武技，仍是不在少數，實亦令人惋惜。

世局環境在轉變，要想充分發揚一門對人們極有益處的武學，應逐漸以公開的方式傳授，承傳亦應減少門戶之見，方能發渾各家拳藝的優點，對整個武術界而言，是極具建設性的發展方向。

習武者，本有資質稟賦差異，若有體會，便會用心追求更高層的武學境界，若僅止於拳架演練者，亦能達到健身強身的目的，利多於弊，就應公開傳授，既可免於失傳憂慮，又可廣結同好，增加切磋交換心得的機會。

大陸於數年前，便開始鼓勵武術界的老前輩，以不藏私的方式，發揚中國傳統國粹之一的傳統武學技藝，聞已有相當程度的成效。各派武術學家對拳術的門戶之見漸少，且無形中把本可能失傳的武學，各盡一己之力，重新興復起來，令人極感欣慰，期海外人士以此為借鏡，發揚武學，須由此途徑著手進行，方能殊途同歸。

易宗八卦掌武學

八卦掌武學，自董公海川始，廣傳於北京，已是不爭事實，但「廣華」二字，是由高義盛弟子吳孟俠，用以尊宗的稱號。在天津時，因張峻峰老師與吳孟俠交善，故張老師在台發揚的易宗八卦掌，亦用「廣華」傳承。

傳聞張兆東弟子韓慕俠，在廣華山巧逢八卦掌奇人應文天，此事於韓慕俠回津後，曾刊載於當時的天津報紙上，且聞韓慕俠曾由應文天處，學得八卦後天反八掌的拳藝。吳孟俠曾學藝於韓慕俠，於是「廣華」便成為韓慕俠、吳孟俠一系所採用的宗號。

吳孟俠在天津曾以「哲宗」為拳社之名，而張峻峰老師則以「易宗」在台弘揚武學，此乃取截於《周天術金函口訣》拳譜中「以易為派，以哲為宗」的宗旨。是以台始易宗，亦以「廣華」之名為宗號。

1992年初，余機緣訪得張峻峰老師之妻徐氏，蒙其不棄，親自授予易宗內家拳學之奧義，使余對易宗一脈武學，有更進一步的心得體悟。

張師母早年由張峻峰老師親自個別指導拳法技藝，故其所使之身法及技擊手法，與拳譜之理術大多相合，為了使拳譜理論與拳法相結合，余亦曾針對各式拳譜的異同處，作過分析比較，探求拳譜內容與實際技法間因果關係。

一如金函口訣中云：

「八卦掌法手要連，離虛坎滿是真傳，

　乾坤艮震椿中法，手足巽兌上下全。」

但仍有拳法上極深邃地內涵蘊育其中，且大多能根據人體生理結構，而為拳法的變化與運用，歌訣中亦云：

「五行八卦體用妙，雞腿龍身內裏含，

　熊膀猿背虎豹首，三盤術理法自然。」

內家拳學中的八卦掌，是一門幾可終生專研的學問，《周天術》拳譜中，除載明招式練法外，亦有散手技法。依拳譜而論，八卦掌在繞圓走轉之中，尚包含有攻防技法。聞早年八卦掌揚名京津，與形意拳、太極拳並立，在技法、功法上，應不止乎此，應尚有奧義內涵，有待繼續追求探討，是以余多次走訪大陸各省，尋訪武術名家前輩，以尋根探源，切磋研究。

一門完整的武學，應備有基本操功、椿法、套路、散手及器械，並有完備的拳譜理論以貫穿整體，「程派高式」八卦掌藝，便蘊含這些基礎。

八卦掌藝，強調「先天為體，後天為用」，體用本為拳術的一體兩面，以表現拳藝的陰陽剛柔，本不可有所偏頗。若只重先天為體的先天掌柔身練法，會失去拳術自衛防身的技擊真諦，縱然達到柔身拳法效益，卻少了技擊精神；若只練重技擊用法的後天六十四掌法，缺少根基本體，久之形異而技散。一旦偏陰柔而無陽剛，或偏陽剛而無陰柔，便會失去內家拳藝的真意。

若為偏好而只習先天掌或單練後天掌，都不足以體會

到八卦掌的整體精神。必而選之，則依余目前所感，八卦掌在練勁方面，單練樁功及單操手，較練套路來的有效且紮實得多。

單練樁功初期，總難免覺得無聊乏味，一旦體悟出聽勁、懂勁及發勁的境界，不但趣味無窮，若再能達到無時無處皆能沾身縱力的功力，更是彌足玩味，且此項功夫較不會因時而廢，而基本功操雖是練拳路的基礎，器械是肢體動作的再延伸，比較起來均無樁功來的有實。

要鍛鍊樁功，習藝隨師是很重要的，照本宣科只能習得皮毛，未能深及骨髓，有心習練八卦掌的同好，須細體之，若一旦悟得八卦掌箇中奧妙者，是絕不會輕易放棄內家拳中的翹楚八卦掌拳藝的，它是一門值得多方追求與探討的拳學。

八卦掌，以走圈為主，圈要走的圓，須以內方外圓步法向前邁進，方能形成一個圓周循環練習，亦即蹚泥步法，但因習藝者，對蹚泥步行步走轉的解釋不盡相同，便形成了不同的體驗練習方法。

以易宗八卦掌走轉圈時的蹚泥步而言，裏腳須平起平落地向前蹚步，外腳亦須以平起平落的腳步，由圈外以腳尖向圈緣扣掃。走轉時，是以重心的移轉配合前行邁步，腳步於前邁時，均須壓腳尖，似欲以腳尖向前探步，五趾要抓扣，身形不可起伏，一步立穩後，再邁一步，不可馬虎帶過。如此練就出來的步法，穩而能變化機巧，是為先天轉圈掌法中，最重要的步法。

在孫錫堃的《八卦拳真傳》中，對於走圈步法，要求

緊襠吸胯，兩膝相抱，步如蹚泥。走轉時，「裏腳直走，外腳扣行，腳要落平，腳面伸直」。即以扣丁字步，再配合剪子腿，來說明蹚泥步的走圈邁步方式。雖然未以意念方式來引導步法，但仍能掌握到蹚泥步的要領。

在李子鳴所著《梁振蒲八卦掌》及其編著的《董海川八卦掌》書中，對蹚泥步的描述則較為細膩且易於瞭解。其要求蹚泥步，在走轉時兩腳要平起平落，所謂平起，即後腳提起時，不能向後亮掌（揭底或揭蹄），即不可看到後腳底心。

所謂平落，即指前腳落地時，絕對不能轉向前亮腳掌，必須把腳面繃平了再落地。要領便在於以大拇趾力量來提腳，較易達到。為了要求步法穩而快速，腳步定要遵守平起平落，絕不可犯了揭底及亮掌的毛病，內腳向前直邁，外腳向圈中心扣步，以形成一八字步形來走轉圓圈。這樣深入淺出的說明，很能讓習練者明瞭蹚泥步的走步方式及其要領。

在劉鳳彩主編的《程派高式八卦掌譜》一書中，對蹚泥步的要領則要求：「後腳向前邁進時，腳掌平起，高不過踝，落下時，腳趾及前掌先接觸地，稍向前擦地而止，五趾摳地，如在泥水中蹚行，不知深淺，探步而行，摸地前進。」此處加入了意念的引導在內，形成步履維艱，似有必求步穩而後再行之態。

其雖未言明行步時是否有腳不揭底不亮掌的要領，但點出步法之平起平落，高度不過腳踝。

在姜容樵編著的《八卦掌練習法》中，一開始，便強

蹚泥步（劉臻）

蹚泥步（李學義、劉臻）

調步法為起、落、扣、擺。於走圈的擰旋走轉上，除道出身法要領外，要求走轉時前行之腳必須輕邁，後行之腳必須蹬勁，進步時尚須貼近前腳脛骨裏側摩擦而過，且不可將腳提得過高或過寬。

曲腿蹬步之時，足心涵空，如蹬泥之狀，使腳掌和腳跟同時平落地面，五趾抓地，內腳前行，外腳尚須裏扣，亦稱落扣，即不僅平落且須裏扣。即走圈時，在起、落、扣、擺上用功夫，加上身形切不可一起一落，久練能使上下左右四面八方一氣連環。

在劉興漢主編的《游身八卦連環掌》一書中，將蹬泥步，稱為鼉形步，動作上要求，後腳向前邁步時，腳掌平起，落下時平落，全都掌著地，五趾抓地。其另一種所謂雞形步的練法，是後腳跟可抬起，而以腳掌蹬力前行。兩步法的腳於行進時，高不過踝，低不擦地，要猶如泥中行走一般。

該書中，倒是大肆說明了走轉圓圈於健身方面的效益，但僅以兩步法簡易述及走圈所用步法，而於方法上並未詳述，使習者較不易體會出走圈步法的要領來。

在劉興漢的大弟子劉景良所著的《八卦掌》書中，則對走圈的步法如是說：「走圈時，兩足尖微微相扣，兩腳後跟微微向外扭勁，這樣走起來，就成為剪子步。」

並未以蹬泥步為走轉圓圈的基本步法，剪子步應指兩胯、兩膝間的要領，故其並無對於步法的明顯要領作要求。是未及述明或是到此代，便沒有了步法上的嚴格要求，就不得而知了。

在張烈執筆演練的《尹式八卦掌》書中，則將走圈的步法區分為趟水步及急行步。

趟水步，指後腳向前提收過程中，應將腳尖向前勾著離開地面，忌腳掌心向後翻亮，後腳提收至前腳大腳趾一側，繼而向前趟行的過程中，應以腳尖前領，全腳掌貼近地面前伸，最後定要繃直腳面，猶如以腳尖為力點，稍向前彈踢一般，隨即腳跟先落地，五趾迅速落下抓扣地面，亦忌腳掌心向前亮掌。

急行步與趟水步差異點，在於最後一道腳面不必繃直，且步幅稍小，以利靈活而速度快。名稱雖異，然其架式要領的要求則實同。

在黃志誠、崔長發著的《乾卦八卦掌（內八卦·乾字門·老八掌）》一書中，於行樁法介紹中，有蹚泥步的簡介，「一腳平起，足心涵空，其腳底不超過另一足踝骨，沿其內側磨脛而行，平起平落，五指抓地，形同蹚泥或踏水」。另有探式蹚泥步，起式與蹚泥步同，特點是以前足探行，後足蹚，俗稱「疾行步法」。

黃、崔兩人是宮寶田弟子孫汝文所傳之弟子，其蹚泥步基本上亦是遵前人所傳，余所見目前宮寶田體系傳人，已將蹚泥步的定義，落在「如將足從泥中提膝拔起」，因提膝之故，以使所提起的腳步高過腳踝許多，如此提膝踏步而行的走圈步法，已離真意遠矣。

蹚泥步的重點，主在行步時，腳步的平起平落，亦稱蹚水步，如若蹚水，便無所謂提膝拔起之勢。

在溫仲石編著的《游身連環八卦掌》內，於轉掌的要

領便要求要曲腿蹚泥，其指出「初練轉大圈，邁步距離要小要勻，以免身體有忽起忽落之弊。腳要落平，裏腳直邁，外腳扣邁，扣擺步要分清」。

另要求腳趾要扣，亦即強調邁步蹚泥行，溫仲石是高義盛弟子張福海的傳人，對蹚泥步雖未在文字上解說分明，但基本要求上，大多一致。

在裴錫榮、裴武軍編著的《八卦八形掌》中，以「平步登雲」來說明走圈的步法，「右腳向前上步，沿圓弧稍內扣，面向（西方）圓弧走去。兩腳平起平落。如蹚水狀」。

動作要求，走步時腳平起平落，步要大，如鶴之向前探步。其另一特點是將八卦掌的走步，分三步水的方式來練習，第一步水深沒腳面，用腳向前蹚走，第二步水深至膝，用膝向前蹚走，第三步水深至胯，用胯勁向前蹚走，已將意念的配合，融入其中。

另裴錫榮與蔣浩泉編著的《八卦散手》，雖以後天六十四式為主，但於「九論」要論中。亦提到「裏足直出，外腳微扣，足扣要小，足擺要大，足如蹚泥，平起平走」。所要求的是異曲同功之事。

在馬有清與劉敬儒編著的《程氏八卦掌》中，要求走圈時，雙足要平起平落，進步時，要輕貼支撐足的內踝骨而進，腳離地不得高於寸許。落步時，後五趾輕輕扣地，且邁步時裏足直進，外足微向裏扣，猶如行走於泥濘之中，稱蹚泥步，又名八卦步。

在孫福全編纂的《八卦拳學》中，僅以向前邁步方式

來敘述，並未論及走圈步法要領。黃柏年編纂的《龍形八卦掌》中，亦僅以磨脛步配合丁字扣步說明走圈方式。

所謂：「打拳容易走步難」，走為百拳之長，在《周天術金函口訣》的拳譜口訣中有云：

「練習轉掌是首功　蹲襠下氣含前胸

二足踏地趾用力　陰陽掌法妙無窮

後肘用力心窩對　手指緊隨前肘行

轉掌二十四要法　掩掖蹬蹚踩正中」

強調的便是走圈時，行步走轉靈活的重要性。走圈時，除了步法須遵循蹚泥步外，身形是絕對不可上下起伏的，手法及身形的搭配，猶如將椿功中「靠椿」功，置入圈緣上習練，配以單換掌換式手法，以腰帶動身形的變化，乃成就出一完整的八卦掌走轉練習法。

所謂「練武不活腰，終究藝不高」，身法要靈活，便在腰上求，勁力的發揮，亦須練到「根於腳，發於腿，主宰於腰，樞紐於肩，而達於掌」，方能事半功倍。

在走圈身法上的要求，雖然外型上看似相同，然所謂「差之毫釐，失之千里」，有時是否能入門的條件，就在細微的動作要求上，是以不可不加以注意。

以左單換掌而言，左掌對向圈心，虎口及四指圓撐，坐腕，食指回扣指向自己，左小手臂成四十五度向前傾，沉肩，含肘。右掌則在左肘之下，以右食指指向左肘尖，同樣坐腕，掌型圓撐，沉肩，含肘，右手與胸腹間亦成圓撐抱式。即兩手互抱，兩肩互抱，使胸腹間圓撐，背應挺拔不可弓背。

　　兩手合抱，藉著腰部向左側的擰轉，將兩手帶向身左側，其勢須如擰繩一般。以目視左食指，頭頂如懸鐘，收下顎，收尾閭，使背脊挺直，舌頂上齶，而貫通一氣。

　　部分習者，在身法上，有的右下手並未以食指頂於左肘下，僅置於左內側肘處，在撐抱及圓撐的要領上，亦或多或少形成偏差，尤其在以腰擰轉身形一竅上，多未能達到，多者，只在左身側四十五度斜前方擺架，較不易體會到走圈擰轉時，身形所帶出來的反應。

　　是否坐胯，是否以腰帶動擰轉，為八卦掌轉圈法的樞紐之處，習者不可不探討，久練當可有所體悟。

　　後天蛇行纏掌，是較重技擊的單套路練習法，在後天六十四掌的套路上，多以七星掌作起式，每式均有一搭手式，作為交手時，搭橋之用，聽取對方之勁力，以探進退虛實，而決定收防或攻發，但亦有部分習練者，偏重技擊便去掉搭手式，直接進招攻防。

　　後天六十四掌，可連環相互應用，分為八趟套路練習，每趟八式，八八六十四式，除以易經八卦之名代表八趟套路外，以其特色分別標以摔法、打法、巧法、妙法、八肘法、八腿法、八擴法及八步法來表達八趟套路中主要鍛鍊法。套路名稱如後：

　　摔法：開捧挎探立挑蓋纏

　　打法：截藏砍削二虎奪環

　　巧法：穿搬劫攔停翻走轉

　　妙法：推託帶領沾連黏隨

　　肘法：擊盤墜鼎橫挫疊鑽

八卦先天掌——虎形回身掌

左：王書聲老師　右：潘岳

八卦掌——白猿獻果

左：王書聲老師　右：李學義

腿法：趨踹擺掛踢截蹚躔

摣法：掖擠刁摣崩撞扣搬

步法：攢狸棲跨搖閃橫竄

「程派高式」八卦掌，由高義盛始傳後天六十四掌法，傳人中技法因個人心得體悟的不同，而略有差異。

高義盛早年習藝於周玉祥，周玉祥代程廷華師傳高義盛八卦掌藝，而周係形意拳名家李存義的弟子，其應善於形意拳。在高氏所傳拳譜中，記載有五行、十二象、八卦形拳的練法，五行拳為鑽拳、拗步掌、崩拳、挑崩拳及橫拳。十二象形為：青龍探爪、猛虎撲食、白蛇吐信、金豹竄山、黃鷹亮翅、金雞獨立、鳳凰奪窩、獅子搖頭、貍貓撲鼠、猿猴爬杆、熊形雙拖、野馬奔槽等十二種動物形象練法。

每項均為單式練法，而八卦形拳則為：猴象、龍形、虎坐、燕翻、鷹琢、熊捊、蛇纏及獅搖等八個套路練法，各有其特色所在，在拳譜中，均深含剛柔拳理要義。其雖近似形意拳拳法，而於招式名稱上有所不同，如天津一脈後天掌練法，便能得見形意拳的跟步發勁，然用勁法較形意拳為長，以彈放勁為主。

因高義盛已將八卦掌與形意拳上的體驗，交融於內，故於勁力的發揮上，實可媲美形意拳常要求的明勁、暗勁及化勁等練法，若練之有成，同樣可在形意拳所強調「沾身縱力」上，另有一番體會，由此得見，高氏所傳的拳譜內容是極為充實豐碩的。

另在器械方面，則有八卦滾手刀、八卦連環劍、沾身

槍及子午駕鴦鉞等的套路練法，亦多以轉圈練法為主。

內家武學八卦掌，是余略有所悟的武藝，當然拳藝各有千秋，只要肯下苦功夫，所謂「人貴有志，學貴有恆」，久練皆能有體悟，但也不能閉門造車，武技的進展，多由切磋研習而來，藝成之後的訪師尋友，是助長個人技藝最好的方式。

前輩曾云：習武千條戒，最戒嫉妒心。「遍訪師與友，所求技藝真」，便是追求武藝境界，由精而博，由博而通的途徑，若能因而截長補短，融通所學所見，必能豐富武學的內容，開拓更寬廣的武學領域。

八卦掌──椿法概述

　　拳學的入門進階，都有其漸進的程式，以往的傳習者對入門弟子的要求是一定得先練椿法，培養功力耐力後，才開始教授拳路。而今學拳者心態大不同於前，總希望先學會有招有式的拳架，追求新鮮感，而忽視基本椿功的鍛鍊。故而目前教授拳術者的因應之道，便成為先教練基本動作，作為練拳架前的暖身運動。

　　續教練拳架，熟練拳架後，才開始讓習者在拳架上體會明勁的效力。繼而配合椿法以鍛鍊習者的功力，培養出周身的力道，使習者能由明勁、暗勁進入懂勁的領域。在明、暗勁之後，再教以意念導引法配合拳法，習練養生固元的功法。

　　當然在每一階段都會有人陸續退出習武的殿堂，尤其在由明勁要進入暗勁功法的階段，必須用心體會椿法的外靜內動奧妙，但站椿本身確實是枯燥而辛苦的，若習者未能用心體會或不得傳習者的指引，在此階段停滯甚或退卻的弟子，仍不在少數。

　　能通過椿法考驗，邁入武學另一番境界的人，確實是需要有持久性的恆心、毅力及耐力，才能有所成就。

　　以往的練法，先求功力紮實再追求拳術本身的巧妙變化與運用。而目前的教練法，則較會落在華而不實的範疇內，因學會套路容易，但體會拳路本身深一層的意義卻是

不易。

椿法是各拳術應該都有的築基功法，但練起來枯燥無味，必須花費心思、體力及長時間的琢磨，方能有所體會，這一段期間常使習者無成就感，而降低了對武學玩味的樂趣。此時傳授者的適時指導，便是極為重要的關鍵，當然資質稟賦好的弟子，青出於藍者亦有之。

習者常覺練椿法很辛苦，並不是沒有道理，一則椿法單純無變化且勞累筋骨，二則此階段需自我體會，他人雖可互相切磋心得，但自己的用心體認領悟，仍佔極重要的部分，這是別人所幫不上忙的，不似習練拳架時，可群體一起練習較為熱鬧有趣。

勞在筋骨，苦於心窩，是否有堅定的毅力、耐力支撐，更是其重要因素，否則極易輕言放棄。以往因有保鏢、護院、捕快等行業存在，習武尚可謀一出路，而今社會，多半不需以武謀生，練武似只為強身健體及個人愛好而已，一旦學到椿功的階段，不耐苦而放棄者比比皆是。

椿法的功力養成是拳學中的菁華所在，否則空有套路反不及體操舞蹈動作來的有韻味，也不及瑜伽術對養生來的立即有效，反而抹煞了武學的效益優點。前輩們常說：「練拳不練功，到老一場空。」這並非一句玩笑話，期望習拳者能深深體悟。

齊公博為孫祿堂先生的弟子，因生性純厚，入門時一招三體式椿法，便練了三年，師兄弟們均習得套路拳法，而齊公博仍只會站椿一式，同門中人皆笑其憨傻，其師反倒對其笑而不答。其後半年，齊公博陸續學了五行拳及連

環拳，一日在習武場院中師兄弟相互較技，竟無人功力勝得過齊公博，因齊公博經過三年築基椿法的苦練，早已內勁充盈、功力雄厚，可隨時發出周身的整勁爆發力，可見練椿法功力比學會拳架更為重要。

內家拳是內外兼修的武學，其對椿法的重視尤甚。如太極拳有川字椿、無極椿，形意拳的渾元椿、三才椿等，練形意拳者，入門得先站椿三年，萬法築基起於三體式之說，便起於此。

同樣在八卦掌中，紮基的練功椿法，亦是不可或缺。八卦掌有四大練功椿法，即五形行椿法、五形靠椿法、金鋼站椿法及乾坤臥椿法。

椿法的要領並非單就落在外表上的要求，反而是在細微肢體動作，及身體內外整勁的配合上，存在著一門很深的學問，對養生、對武技皆有莫大的助益。

但久不得其門而入者，亦不乏其人，大多數的人，常會停留在拳架與明勁之間的功力而已。其實椿法全憑習練者能否真正用「心」，體驗出椿法內外相合的動靜訣竅，絕非神奇或奧秘。

在八卦掌的椿法中，行椿及靠椿屬於練功法的椿法，而站椿及臥椿則是較偏向養生培元的椿法。此四大椿法皆是達到拳術上要求的冷、彈、脆、快、硬功力的必經之路。在各椿法練習時，最好選在泥土地上，可使腳掌抓地的感覺較為敏銳真實。

練椿法前，也最好先作暖身運動，即基本功操練習，以避免身體僵硬而導致練椿法時受傷。衣物儘量穿著運動

服，或較寬鬆之服裝，不要赤腳，不要在剛吃飽或飢腸轆轆時練樁法。樁法最好是在心平氣和時習練，應避免喜怒哀樂之情緒激動。

行樁分為兩種，一種是行步走圈式操功，一種是S形腰腿行步式操功，此是八卦掌練身法及腰部擰轉力的首要功法，此功法易學難精，端賴習者勤練之毅力及耐力。

行步走圈式

此式乃單換掌起式時所配合的功操練法，設想一以八步為一圈的圓在地面上，先以逆時鐘方向走練行樁，再順轉回來，兩邊均須練平均，不可只練單個方向。

起式時，兩腿併立於西方的圓周上，曲膝，兩手置於丹田處，掌心向上，眼觀圓圈中心點，好似猛虎出林，走步先出內圈腳，前行的腳尖要壓平，走時，兩手皆移置於身兩側，並同時翻掌，使掌中似各抓扣住一鐵球般，掌型圓撐合抱，沉肩墜肘，含胸拔背，沿圓周方向行進時，外圈腳則以掃蹚步法，由圈外扣掃回圓周邊來。

即以蹚泥步法，行步走轉，走時身體不可上下起伏，兩掌必得圓撐抓扣，圈形要走勻，以八步為一圈最為理想。換邊時，以外圈腳直接內扣腳尖，由內緣回身180度，原內腳外擺，手式仍不變，續以順時鐘方向行步走轉，回到原起點方能收式休息，圈數須勻衡。

行步走轉之另一手法，是將兩臂分向身兩側平伸展開，似大鵬展翅，內圈掌指向圈中心點，外圈掌則在外撐托，兩掌掌心均向上，內圈手掌低於外圈掌。起式及扣腳

回身式同前述，順向行步時，反向為之，依此類推。

　　兩掌伸展平托時，要如在掌心托住一團綿絮般，不使其脫離掌心控制，亦不可使之掉落於地，因綿絮是極輕之物，在意念的控制很重要。不論手式採用何法，步法上仍須依照蹚泥步的要領，即兩胯要扣，兩膝要夾。

Ｓ形腰腿行步式

　　此為直式回身練習法，非走圈式。起式時，雙手分置於身兩側，雙掌圓撐，虎口四指皆要撐開，似各自以掌扣抓住一球狀物，勿扣過緊以防球破，勿抓過鬆以免球脫手落地，兩肘略提要有含力。二腳平行站立，寬度略較肩寬，膝微曲，左腳外開45度，先出右腳提膝向正前上方蹚踢，腳尖要向前點壓，使腳面平，盡量前伸，身體順式靠腰力向後仰身以加長蹚踢距離，眼觀前方，如敵在前方，兩手式則維持提球狀不變。

　　落右腳於身正前方，腳尖並外開45度，重心移右腳，出左腳提膝續向身正前方向橫側蹚，腰力最好能配合達到身段持平的階段，橫蹚踢腳，其腳尖亦必須向前點壓以練出腰腿力。

　　左腳於順勢應落於原右腳的正前方，並使腳尖外開45度，須開足以利回身。重心隨落左腳，順勢右腳由左腳內側掃蹚並向左回轉身180度，內扣右腳尖，掃蹚使兩腳平行，如原起式動作，此時身處原起式之對面方向。

　　續重心移右腳，再以先出左腳向前踢蹚，右腳橫側蹚方式，走Ｓ形步並向右回轉身，以回到原起點之起式動

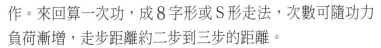

作。來回算一次功，成8字形或S形走法，次數可隨功力負荷漸增，走步距離約二步到三步的距離。

收式時，均須走回原起點作調息三次，以使氣沉丹田而不浮動。行步走圈式，以外圈腳併內圈腳，S形行椿法，則歸回原點即可。若為持球式，則雙手直接收回丹田處，掌心向上，續將兩手向兩身側外開展平伸上抬並合抱於頭頂之上，而兩掌心向下，續將兩手合抱式，漸由上向丹田處降下，以助氣力歸元。回到丹田的兩掌再翻為掌心向上，依此類推重複三次，亦即調息三次，可調節周身、活絡氣血，歸於元海。若為托掌式，則於併腳後，兩掌直接上舉至頭頂，並合抱掌心向下，再漸由上方向丹田處下按，同樣助氣歸元。

S形行椿功法的要領，在於腳尖向前點壓及依賴腰力踢蹬的身法。雙手可採叉腰式，亦可採如前所述之抓扣球式練行椿功法，雙手叉腰式較單純，主在先將腰力及腿力練足，並同時鍛鍊全身整體的圓渾力道。練時應採漸進法，欲速則不達，恐會使身體受傷，呼吸採鼻吸鼻呼法，務使氣沉而勿躁。練時眼神要觀前，切勿隨後仰身形而將頭亦向後仰，否則便失去了練行椿的意義。

靠　椿

靠椿是採直線行進方式練功，若場地受限，可在走完雙數步法後，扣步回身繼續練習，其是練八卦先天八掌時，一極重要的椿法。此功法，已將練氣、練意、練力之方法融入其中，可說是一項極完備的功法。

　　練靠樁時，二腳平行站立，先出右腳向前踏步，同時兩手由身二側起，分向身兩側開展，續踏出左腳，同時兩手續向上舉，再踏出右腳並略外開右腳尖，同時身形向左側擰轉，重心落右腳，上踏左腳落平虛步，兩手同時向左身側作靠樁式。

　　即左手立肘，左掌心向上仰掌，似端住一盤狀，目視左食指。右手橫肘，右掌下按坐腕護在左肘下，以食指指在左肘下，指對肘，肘對心。腰向左擰要擰足，似繩索擰到最後又略為彈回一般。每式靠樁皆以四步定位，左靠樁式約數息90次再換式，時間可漸增。

　　換為右靠樁式時，先上踏左腳一步，身形轉回面對正前方雙手順勢，轉掌回落於正前方丹田處，掌心均向

八卦掌─靠樁

上，並於上踏右腳時，雙手同時向身兩側開展平伸上舉，續上踏左腳，外開左腳尖，以左腳為重心，上右腳平虛步，同時兩手向右側合抱作右靠樁式，手式同前，僅左右互易。

　　若要收式，直接上後腳併前腳，雙手順勢收回丹田處並使掌心向上，如前行樁要領，作調息三次，以培元養氣。若要

回身，則內扣前虛步腳，順勢回身180度，扣腳已算第一步，續上踏原後腳為第二步，依此類推重複前述動作習練之。

靠椿除以平虛步，重心前三後七方式練習外，並可將重心全落於後腳，將前腳平抬起練習，腳尖須向前點壓，最好能將前腳平抬到與胯平行，腳尖要向內勾回，而手式仍不變。初練時，可先抬舉離地約一拳距離，再漸漸抬高高度，此式相當累人，但增進腿力奇佳。

靠椿要領在於撐身身法及兩手配合的靠椿式上，兩手除沉肩墜肘外，兩掌更須圓撐，虎口圓，掌形要撐開但又不可太僵，要似含住一物在掌心之中，無過無不及。

身形上要含胸拔背力量才會圓，背要挺直，腳跟之力才得上行。胯要扣，膝要夾，兩腳行進要在一直線的兩側，手腳動作尚要配合呼吸調氣，以意導引氣沉丹田，力由腳跟直達掌心，分心或精神鬆懈，會減低練靠椿練氣、用意、引力的功法，此功法對習練八卦先天掌法的助益甚大，若有體會進步較快。

上述兩項椿法，皆有助於八卦掌藝，雖對練氣亦有極大的效果，但因功操本身練力道及筋骨較為累人，亦較會導致氣的喘息浮動，故須每於收式時，均應以調息動作導氣歸元。

下列二個椿法，則較屬外靜內動的功操練法，亦可同時練到神、意、氣、力，是練氣養元的最佳途徑。凡練內家拳者，站椿功法確是必修的課程，以後有機會將再詳談其中的奧妙之處。

混元樁

混元樁的架式，尤須細體動作及意念間的微妙度。初練時，二腳平行站立，略比肩寬，曲膝使頭略低時，眼睛仍可看到腳尖為原則，身正含胸拔背，頭頂直立如懸一繩索在上頭一般。目可微張或平視或全閉，不過全閉眼時，恐會胡思亂想，需較強的意念配合。

恪守眼觀鼻，鼻觀心要領。雙手在身正前方合抱，掌心面對身體，如與身體合抱住一個大汽球般，虎口要開，四指相對，沉肩墜肘，手臂掌型均須圓撐。初時以數息12次為入靜方法，之後便須忘掉數息，忘掉呼吸，儘量以小腹內呼吸方法配合練習。

八卦掌－混元樁

混元樁，可將兩手分置於身兩側，雙手掌心向下，似各提一圓球式漸進練習。練提球式是練小範圍的圓撐力，而以雙手與身體合抱汽球式，乃練周身的圓撐力。各有其優點。若要收式直接將兩手收丹田處，掌心向上，作調息動作3次，以固元養身。

此功久練後，丹田處或其它部位，恐有跳動現

象，應即放鬆，切勿執著於斯，呼吸導引法的配合，應請老師做進一步的指導。

　　站樁要領即在於能使周身氣脈暢通，以氣意貫通全身，故除動作要求外，最重要的是心要入靜，若心不靜則練此功會感氣浮而急躁，必得事倍功半，效果不彰。而入靜的方法在道功方面的論述很多，八卦掌本身是融合拳法、道功於一身的武藝，故其在練氣方面，採用部分道功養生之法，內外兼修，功效不凡。

臥　樁

　　臥樁又稱乾坤臥樁法，為養息功法，在練臥樁之前，其暖身運動，須先平躺，以頭和腳跟將身體撐起架空，閉氣，使全身氣血流竄暢通，能閉氣多久，就撐多久，運作3次其效便有如練拳一般，其後再作臥樁。

　　臥樁左右均得為之，以右臥式為佳，即身體向右曲蜷側臥，右腿擺直，左腿曲膝置於右腿上，左手平擺於左腿上，右手握拳，曲肘並將拳心貼於頭側右耳略上方處，即將頭枕於右手腕上以練功。此功法亦可將放於腿側的手，置於丹田處，配合腹式呼吸練習。

　　臥樁須功力練到某一階段後，再練習效果較佳，否則初練者或功力尚不足者，常會在臥樁時產生昏沉欲睡的感覺，甚或睡著了。

　　臥樁主在練腹部呼吸法，並配合周身的氣脈運轉，用胎息的方法呼吸，由「有」回歸到「無」的境界，使周身的每一肌膚均能直接由空氣中自行呼吸。此功法極不易習

練，得有上乘功力才能練出效果。亦有人因練臥樁似練不出感覺，反認為臥樁效果不彰，實則是功夫尚未鍛鍊至該層次，故無法體會。

練臥樁時，須用心體會身體中每個部位的氣息動靜，進而可以意念引導氣息的動向，是進入高階層功力的必修樁法之一。

內家拳首重內外兼修，而樁法便是一重要的橋樑，練樁法的重要訣竅，就是要有恆心的勤練，不斷地用心用意體會，以帶動周身氣息脈絡，使動靜皆宜，一動無有不動，一靜無有不靜，無招勝有招，周身皆可為用，成為全身肢體的自然反射動作，此應是練拳者所應追求的境界。歌訣中有云：

八卦掌─燕翻樁

八卦掌─虎樁

「椿法四路識者稀　五形靠椿立根基
　頭頂豎頸虎豹首　熊膀猿背離中虛
　雞腿龍身斜中正　腹資胸寬丹田基
　行立坐臥椿法有　八卦轉掌不為奇」

　　便是強調椿法的養成，實是拳法的根基，椿法必經鍛鍊而來，以功力作為套路的基礎，才是真正習武的途徑。

　　八卦掌的四大椿法，各有長處，上述僅列出基本架式的練法，至於各椿功深一層的要領剖析，在日後，將會再較深入地介紹，期將八卦掌內外兼修的椿功優點，公諸於世，以免習者有不得其門而入的遺憾。

　　椿功重在親自習練體會，否則即便口若懸河，聞者僅能知其然而不知其所以然，是習武者的一大損失。君不見，歷代武學名家，無不是經由椿功的苦練而學有所成的，想要瞭解武學的真正要義，勤練椿功乃是不二法門。

單換掌──八卦掌母掌

單換掌是八卦掌拳藝行步走轉的首要功法，單換轉掌式看似簡易，但確包含了所有八卦掌招式練法的基本要領，舉凡步法、腿法、腰胯及身法的變換，手掌的穿化擰轉、神意、剛柔虛實、重心的移轉，均蘊含了八卦掌的菁華在其中，可充分表現八卦掌的精神。

不僅先天掌法，在後天八卦掌蛇形纏掌練法中，起式、過渡式或回身翻轉時，亦常以單換單為轉換基礎，再加以變化，可見單換掌式，在八卦掌拳勢演練中的重要性。

練八卦掌的前輩常言到：「只要把轉掌式單換掌練好，細心體會其中的精髓，便可將八卦掌『動如游龍』身法，適切而圓滿地表露無遺。」八卦掌拳譜《周天術》中，亦有歌訣云：

「換掌為母始無終　　八路翻身內裏生
　一路翻身生八式　　八路又生六四名
　六十四式生變化　　陰陽動靜妙無窮
　八路翻身遵八卦　　烏龍擺尾生風輪」

八卦掌藝，由單換掌左右變化走四門，生出八大先天掌法，再化出六十四式後天連環掌法，是以單換轉掌式被視為八卦掌之母掌。

不練單換掌就猶如練拳不練功法般，習者欲窺得八卦

掌的全貌，欲收事半功倍之效，皆須細體單換掌的精要，才能進一步深究八卦掌之所以變化靈活的奧妙。

先天八卦掌八式為：蛇形順式掌、龍形穿手掌、虎形回身掌、燕形蓋手掌、轉身反背掌、擰身探馬掌、翻身背插掌、停身搬扣掌。

「程派高式」八卦掌，另以「單換掌」為首，為八掌之母，再以「烏龍擺尾」掌式置後結尾，使先天八卦掌成為十式掌法，頭尾相接，變幻無窮而完整。

單換掌以走圈為主，其圈勿過大或過小，宜以八步走完一圈最為適中。步法的測量則隨個人體格的不同自定八步標準。

練單換轉掌的要領：

出手前手要頂，後掌要撐，掌要翻，指要領，胸要合，背要圓，肩要沉，臂要夾，肘要墜，肘對心，指對肘，眼觀指，腰要擰，胯要鬆，肛要提，膝要抱，足要伸，趾要抓，骨節要開，身法要活，舌要捲，聚氣凝神，氣隨力行，以會集一氣，以陰陽虛實變化，為後天之變化。

鍛鍊轉掌，以圈為法，圈裏為裏，圈外為外，左右相同，另需秉持八卦掌的四大綱領：一要步法練清、二要步法練活、三要氣力練足、四要手掌練明，以期練到，行則動，動則變，變則化，乃至無窮變化的階段。

練時，要用心用意，含力蓄力，達到力整而勁氣不散亂，內外合一的境界，確實體認出整個單換掌的妙處。在《周天術》拳譜中有圓圈歌訣，述其要領曰：

「練功轉掌足根源　以圈為法走要圓
　圈裏為裏圈外外　圈為先天八卦盤
　裏掌要項指要領　外掌要蹬力要全
　調理陰陽合氣血　頤養精神妙如仙」

單練單換掌時，走圈轉掌，是在地平面上意想一圓圈，在圓圈上練習拳法，其招式變化與應用，皆以圈為主。

起式，先站立於圈緣邊，預備作由西向東走圈式，沿圈邊緣練習。即左身側向內，採逆時鐘方向走圈。起步時，兩手在兩身側，掌心向下，如持握一圓球圓撐，沿圈作走步練習，兩臂膀亦需圓撐，轉自定圈數即可。

換式時，兩手掌，右掌朝順時鐘方向翻掌，左掌向逆時鐘方向翻轉，同時由兩身側向上翻轉抬舉起來，至掌心向上，眼觀內圈手掌心，右後掌式則高於前左掌式。即內手低，外手高。注意腳步，兩腿略蹲，前左腿沿圈邊緣線伸直成虛步，後右腿彎曲成實步，五趾抓地，兩膝微扣，此形稱之為剪子腿。

繞圈而行時，圈內腳平移，腳尖下壓，圈外腳要內扣橫掃，繞圈要平穩而行，身體不得上下起伏，此一踩一蹬，俗稱為蹚泥步，又稱行步式，為先天掌法的重要步法。轉圈不拘圈數，可自定。

續換式，右外掌從外，由下起上而向圈內落下，肘對心而抱，手梢緊隨裏肘下行，掌心向下地護住丹田，擰腰。左內掌順翻為立掌，曲肘向圈心前伸，掌心向圈內並上托，掌要圓撐坐腕，虎口掌開，食指回扣約與眉齊，眼

劉鳳彩單換掌演式

單換掌一

單換掌二

單換掌三

127

觀左手手指食指尖。

變換時，是漸轉圈漸將兩手歸一，亦即在向左身側擰腰擰身時，左掌立掌式不動，右掌是以掌心向下式，漸擰轉地歸入左手肘下，兩手歸在一縱線上，再採蹲式走步轉圈。腳步需以蹚泥步及剪子腿走圈，步法外步裏扣，裏步外擺，由圈內回轉身，兩膝於扣擺時，須夾扣行進。此皆為基本要領，須當練熟，再配合身法要領，以達練功效果。

回身換式時，須走到原開始點的對邊扣步回轉身使右身側向圈內後再作回身換式。即是將單換掌以掌心帶向下，放鬆擰轉的腰，兩手回到身兩側，回復持握一圓球圓撐手式，腳步則可以採走式，不必採蹲式，略作休息後，再依前述方法，從兩手由掌心向下翻轉為掌心向上的平抬舉式開始，作右單換掌式之轉圈功法練習。

不論步數、圈數、時間，都要均衡，勿忽長或忽短，亦不可只走左單換掌式，而不走右單換掌式。拳譜中轉掌歌訣云：

「練藝轉掌是首功　　蹲襠下氣合前胸
　兩足踏地趾用力　　前手外擺似擰繩
　後肘用力心窩對　　手指緊隨前肘行
　轉掌變式名換掌　　手足一動令人驚」

八卦掌自董海川廣傳至今，其所傳弟子或再傳弟子，對單換掌式均給予相當高地評價。在一些探討八卦掌的相關書籍中，皆能尋得單換掌的痕跡，惟練法上，或名稱上略有不同。例舉如後以供參考：

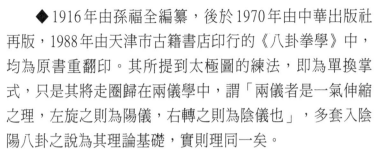

◆1916年由孫福全編纂，後於1970年由中華出版社再版，1988年由天津市古籍書店印行的《八卦拳學》中，均為原書重翻印。其所提到太極圖的練法，即為單換掌式，只是其將走圈歸在兩儀學中，謂「兩儀者是一氣伸縮之理，左旋之則為陽儀，右轉之則為陰儀也」，多套入陰陽八卦之說為其理論基礎，實則理同一矣。

◆1930年由黃柏年編纂，後於1971年由中華出版社印行的《龍形八卦掌》，以無極圖式為站功，演變為左單換勢，而至右單換掌，步法未限距離，換勢時，以扣擺丁字步及摩掩步旋轉。解說的方式略有不同，但配有相片參照。

◆1934年由孫錫堃編纂，後於1974年由中華出版社印行，1987年天津市古籍書店翻印的《八卦拳真傳》，以八卦掌起式練法，解說單換掌，並指出：「八大式之內。以單換掌為起始掌法。將此單換掌練好。他式則易學矣。」另附有程海亭先生單換掌肖像，及單換掌圖解，要領多宗程氏之法，但著重點有孫氏的心得在其中。

◆1963年由姜容樵編著，人民體育出版社出版的《八卦掌》一書，為原書重翻印，即以單換掌列為八卦掌八掌中的第一掌，其書面亦以單換掌的架式為封面，唯要領及著重點仍有所不同。

◆1982年10月由蔣勛培、余汝忠演練，羅洪宣整理，雲南人民出版社出版的《八卦掌和八卦掌對打》一書，將單換掌列為八卦掌八掌中第一掌，其單換掌中包含了左單換掌換到右單換掌招式，雖意義相同，但在練法

上，有所不同。

◆1982年春由李子鳴編寫的內部教材《梁振蒲八卦掌》，內有八卦掌轉掌歌，單換掌亦為八卦掌八掌中第一掌，且各式皆以推磨掌為起式，轉掌換式為變化，換式時步法採錯縱八字步，亦強調單換掌為母掌。

◆1985年9月由李子鳴編著，臧學範整理，吉林科學技術出版社出版的《董海川八卦掌》一書將單換掌列為先天八卦掌八掌中的第一掌式，其預備式後的左推磨式即為左單換掌，右推磨式即為右單換掌式。而其後的七掌均以左推磨式（*左單換掌式*）為起步式。足見單換掌式的重要。

◆1986年7月由北京體育科學研究所八卦掌研究組主編劉興漢，審編王文奎，人民衛生出版社出版的「游身八卦連環掌—健身篇」中，有如下描述：「八卦掌的三式就是單換掌、雙換掌、順式掌。三式雖然簡單，但確是八卦掌的基本功，如同形意的五行拳，太極推手中的掤、捋、擠、按一樣。千變萬化從基礎而生，練好這三個式子對以後眾多的式子將起到不可估量的作用。」亦點出單換掌的重要性。

◆1987年7月由香港馬友清、劉敬儒編著，中國友誼出版公司出版的《程氏八卦掌》一書中，在介紹八大掌練法解說時，將單換掌列為八掌的第一式，並在架式的過渡式演練上，加上名稱以利解說並強調了單換掌的重要。

◆1988年12月由張烈執筆，北京農業大學出版社出版的《尹式八卦掌》，在談到八卦掌的轉圈時，提到「演

練八卦掌，大多數時間用於轉圈，轉圈時所持的姿勢稱為抱盤式，有正旋抱盤式和反旋抱盤式兩種，本書中六十四式每式的第一幅圖片都是抱盤轉圈姿勢。在此姿勢中，離身體較遠，位於圈心位置的手稱前手，另一手稱為後手。轉圈中的調身、調息和調心，對能否學好八卦掌，能否較快提高功力影響很大」。細讀其抱盤式的姿勢要領，極似單換掌式的要領，唯其掌形有尹氏的特點，四指併攏似龍舌，稱龍舌掌又有稱牛舌掌者，故而可推測其抱盤式應為單換掌的另一別稱，而其六十四式的起式又都為抱盤式，更可見其重要。

◆1989年3月由林燧著，許景賢、江和生協助整理，福建科學技術出版社出版的《正宗八卦掌》，在其列出的八大段的八卦掌演練招式中，其第一段第一掌，即為單換掌，其將各分解動作，標以不同名稱以習練，雖招式著重點不盡相同，仍極重視單換掌練法。

◆1990年4月由裴錫榮、裴武軍編著，湖南科學技術出版社出版的《八卦八形掌》中，其用以帶出八掌架式練法的預備式，就是單換掌式，只是歸在預備式並無明文單練而已。

◆1990年7月由盧景貴著，中國書店出版的《曹氏八形掌譜》中，在其八卦掌譜單元，要開始解說六十四式之前，所作的走方式介紹，那就是單換掌式，但其未標以明顯之名稱，僅以「上所述者乃用右手為前掌，左手為後掌，稱為右手式。或右轉式。左手式乃左掌在前上，右掌在後下，行時先出左足也」，實則即為右單換掌式及左單

換掌式矣。唯其將走圈變換的扣步及擺步，另歸以四種方式練習：一曰單換步，二曰複換步，三曰半換步，四曰逆換步而已。但總歸為一，仍是以單換掌式為其走圈練架的基礎招式。

◆1991年5月由林朝珍等著，北京體育出版社出版的《八卦龍形掌》中，提到「練八卦步和單換掌的結合，其優點很多，它不僅可以避免單練『步法』時的單調心情，同時也可使身靈步活，逐漸練出鬆勁和柔勁，綿綿不斷的連貫性，為練八卦龍形掌打下基礎」。並擇錄孫寶剛先生所寫的《八卦步單換掌》內容為其理論基礎。足見單換掌是不可輕忽的。

◆1987年2月由李俊峰、戈春豔發表，河北科學技術出版社出版的《八卦連環掌》，其雖為改編而成，專為參與比賽用的套路，但其仍將最基本也最重要的單換掌式，保留在第一式到第三式的套路：一下沉掌、二左推掌、三扣步掩肘三式中，亦顯單換掌受重視的程度。

◆1990年10月由溫仲石編著，中國展塵出版社出版的《游身連環八卦掌》，其於轉掌的練習方法及要領中，述說了單換掌的架式。但將單換掌歸於換掌式下：「轉掌練習，除嚴格按照要領做以外，還要注意不要只向一個方向轉，要向左右兩個方向轉行，變換方向稱『換掌』，其方法有三：一單換掌、二雙換掌、三烏龍擺尾。」可見說法有多種，但重點仍是一單換掌法是也。

談及八卦掌的相關書籍尚有許多未列舉，但如上所

舉，足見自董公海川因材施教後，其授業弟子及再傳弟子，儘管架式上已略有參差，但對轉掌式單換掌走圈法，均極為重視。

八卦掌以繞樹走圈轉掌為其特色，因而單換掌便成了所有掌法變化的基礎。要將八卦掌法練得有如游龍般地身形靈巧，活躍翻騰，就是要打好單換掌走圈換式的功法基礎，此重點，絕不可小覷。

八卦掌轉掌式中，結合了道家導引吐納法，而導引吐納是以中國醫學之經絡學說為基礎，故八卦掌練習功法中之柔慢，與呼吸之運氣法，更能培養體內之元氣，並引導元氣疏通經脈，調勻氣血，內至五臟六腑，外達四肢百骸，而其架式動作中之開合俯仰，伸縮旋轉，更增強肌肉之健壯與關節之柔韌，而達到使體能健康的功效。

古人常以宇宙為一大天地，而將人身比喻為一小天地，藉著體會宇宙周天旋轉之道理，再配合以人身流行經絡之真氣，轉圈走圓的先天轉掌功法，可使人身之真氣如同天地間之氣，周流而不滯，達到天人合一之境界，是一具有培元養身，祛病延年之鍛鍊功法。

現階段忙碌的文明生活，人體之神經系統常因生活之過份亢奮或抑制，而致失調。而八卦掌轉掌之練習，在動中求靜，靜中有動之原則上，使精神獲得鬆靜與集中的調合，適可調節神經功能。

八卦掌中之轉掌，亦是訓練攻擊與防守的基本功法。轉掌是圓形功法之練習，在應用上是採取迂迴旋繞，側身而進的方法。

　　走圈即是假設圈之中心為一攻擊之目標，而自己踏於圓圈之邊緣上，由外攻向裏，在攻擊時可選利於自己的方位，使對方處於被動之位置。

　　八卦掌本是一種多變化之武術，左旋右轉，乘機換式，無論對方如何變換位置或招式，而自己永遠以對方為中心點，伺機而進，指上打下，應東擊西，使對方脫不出圓圈之範圍，故無論攻擊或防守，都是以轉掌應變。

　　是以單換轉掌式，是促使先天掌法與後天連環掌式，達到機巧靈活的必要功法，為八卦掌之母掌，極為重要，切勿輕忽。

八卦先天柔身連環掌

　　程派高式八卦先天掌法，融合身形、身法的變化，加以著重功法的單換掌式，及靈巧多變的烏龍擺尾掌法，形成首尾相應的十大柔身連環八卦先天掌式。

　　先天掌法，各有變化，並非以固定掌式轉圈。先天八卦掌法，在拳譜中分為四身形、四身法。

　　蛇形順式掌、龍形穿手掌、虎形回身掌、燕形蓋手掌，是為四身形掌。轉身反背掌、撳身探馬掌、翻身背插掌、停身搬扣掌，是為四身法掌。四形、四身均將功法與練法融入其中鍛鍊，掌法講求靈活巧變，每掌變換皆採用左、右單換掌式轉圈練功。

　　單換掌，是先天掌法的轉換式，亦是功法鍛鍊式，於掌型的練法上，有五個訣要，即「撐、扣、頂、托、旋」。

　　撐者，五指圓撐，虎口要開。

　　扣者，五指指尖要扣抓，如鷹爪勾扣。

　　頂者，食指頂拔，並與大拇指、小指，形成三足鼎立。

　　托者，坐腕仰掌，掌型向前承托。

　　旋者，掌型始於小指，將整個掌型向內擰旋。

　　於身法的鍛鍊上，有二十四要的要求，即「頭要懸，頸要橫，眼要瞑，口要閉，舌要捲，齒要扣，肩要沉，肘要墜，臂要夾，心要對，腰要擰，胸要虛，腹要實，胯要

坐，肛要提，膝要裹，足要蹬，趾要抓，身要柔，指要領，步要輕，神要靜，意要專，氣要貫」。

活步鍛鍊要配合八綱，「掩、掖、穿、軋、蹬、蹚、踩、沖」的動作綱要，走轉圓圈時，運神意於其中，擰身，扣擺，蹚泥，融合掌型，身法及步法的要領，練出全身的柔韌度，以達到柔中帶剛，剛中寓柔的境界。有訣曰：

功法訣

「蛇形掩掖龍迴首　虎撞扣擺燕停翻
　走轉踩蹬蹚泥步　擰身穿軋神意沖」

先天八掌各具特色，與後天掌法相輔相成，拳譜云：「以先天八卦掌為體，後天八卦掌為用。」對於先天掌走圈練習法，另有歌訣曰：

先天轉掌訣

「轉掌鍛鍊足根源　以圈為法走要圓
　圈裏為裏外為外　圈為先天八卦盤
　裏掌要頂指要領　外掌要蹬力要全
　調理陰陽合氣血　頤養精神妙如仙」

八式轉身訣

「裏步外扣順式生　裏擺穿掌似龍形
　外旋回身打虎掌　偷步蓋掌燕翻名
　裏扣轉身反背掌　退步探掌擺腰擰
　裏擺翻身背插掌　回轉搬扣把身停」

第一掌　蛇形順式掌

　　蛇形順式掌，取蛇有撥草行進的技能，故其身形有仆腿下勢、掩身撥擺的動作。

　　以左單換掌轉圈式而言，腳步以外步外擺、裏步外扣走步式轉身法，左手掩面撥擺，右手向身內勾勒作右仆腿下勢，左手續向後按掖掌，移轉重心，仍以左單換掌轉圈，中間以單換掌換式，換回右單換掌走圈繼續練功法。

　　此式在圈緣走轉，取蛇有撥草行進之能，而非取其左右扭擺之狀，否則便會失其精髓而異出形態。

　　由蛇形順式掌法，所帶出的後天卦直趨技法為：**開、捧、撐、探、立、挑、蓋、纏**。拳譜歌訣曰：

蛇形順式掌訣

「掩手順式似蛇形　進步開掌氣力攻
　外領捧掌彼高撐　金能探爪快如風
　裏擺立掌從外進　外領挑掌橫掌迎
　鷹捉蓋掌上步扣　纏掌裏住不放鬆」

第二掌　龍形穿手掌

龍形穿手掌，取龍有飛天騰擺的技能，故其身形有上衝下插、靈轉游走的動作。

以左單換掌轉圈式而言，腳步向中踏走，手式右掌上衝左掌下插，緊跟著後腳靠併步，左手回身按掖掌，再向後回轉身，右手作一有如魚擺尾的掌式動作，移轉重心，以右單換掌收式，續走圈練功。

此式走向圈中心動作，取龍飛天騰擺之藝，而非取其上下左右波動之狀，否則一樣會失其精髓而走其外形。

由龍形穿手掌法，所帶出的後天卦直趨技法為**截、藏、砍、削、二、虎、奪、環**。拳譜歌云：

龍形穿手掌訣

「龍形穿手上下迎

截掌擄住胸下攻

迎面藏花進步打

裏砍外削令人驚

外領上步仙傳道

惡虎撲肩走要擴

雙代奪手回身撞

進步連環把腰撐」

第三掌　虎形回身掌

虎形回身掌，取虎有回轉攻擊的技能，故其身形有回身虎打、虎坐力劈的動作。

以左單換掌轉圈式而言，腳步以外步外擺、裏步外扣走步式轉身法，右手回勾反掌，左手撥繞後立掌，向右虎打，向左回身，雙掌同時向左側虎打，立穩步法，雙手力劈虎坐勢，移轉重心，以右單換掌收式，續走圈練功法。

此式在圈緣兩側走轉，乃取虎轉身之餘仍能攻擊之技，而非取其縱跳飛撲之狀。

由虎形回身掌法，所帶出的後天卦直趨技法為：**穿、搬、劫、攔、停、翻、走、轉**。拳譜有云：

虎形回身掌訣

「回身打虎肋下藏
　穿手進步裏外撞
　偷步搬扣截手使
　上下攔掌不用忙
　雙代停身回頭看
　翻身擄手橫肘強
　走掌橫穿拗步式
　領橫轉身打中堂」

第四掌　燕形蓋手掌

燕形蓋手掌，取燕有抄水俯仰的技能，故其身形須有如燕子抄水，俯衝仰飛的動作。

以左單換掌轉圈式而言，腳步先向圈邊收束，再續向中踏走，左手向下俯衝，形如燕子抄水，欲俯之即起，續以腰力回轉身形，作仰飛蓋手掌式，重心右腳，左腳回勾作燕形單提腿，移轉重心，以右單換掌收式走圈，繼續練功。

此式走向圈中心做動作，取燕子抄水，翻轉而不稍停留之技，而非取其振翅飛翔之形，方免於散其外形。

由燕形蓋手掌法，所帶出的後天卦直趨技法為：**推、托、帶、領、沾、連、隨、黏。**拳譜載曰：

燕形蓋手掌訣

「燕翻蓋手撐身形
　推山入海著法靈
　進步撈月托掌使
　代掌亮翅橫肘精
　領法要橫沾要快
　連掌不住妙無窮
　隨法掩肘搖身領
　黏手崩拳不留情」

第五掌　轉身反背掌

轉身反背掌，取身法變化。以左單換掌轉圈式而言，腳步以外步內扣、裏步外擺走步式左回轉身法，左手掌心向上橫外撥，上右腳右手續上撥，回身左按掌，上右步右掌覆頭按掌，回身再按左掌，右手向後按掖掌，右掌魚擺尾式，移轉重心，以右單換掌收式轉圈。

此式在圈緣走轉，取身法變化之靈活及按掖掌的巧妙攻勢。

由轉身反背掌法，所帶出的後天卦直趨技法為：**蹲、盤、墜、頂、橫、剉、疊、鑽**。訣曰：

轉身反背掌訣

「扣步轉身反背掌
　回身蹲肘勢難擋
　盤肘上步肩撞使
　上迎下幾肘難防
　外領上步頂肘用
　橫剉二肘最為強
　疊肘上步截肋打
　外領鑽肘頂中央」

第六掌　擰身探馬掌

　　擰身探馬掌，亦取身法翻轉變化之妙。以左單換掌轉圈式而言，腳步向中踏走，上左步穿左手，上右步上穿右手，上左腳盤步式，左回轉身，右立掌，左後腰際下插掌，左弓步右蓋手掌，右手順勢回抓，後坐右腳上左架手式，再一次右蓋手掌式，向後收左腳右腳跟點虛步，兩手回收左上右下盤於胸前，向右行進跨右腳，上內扣左腳，回轉身再上右腳，兩手左上右外在行進中於胸前畫立體圓圈，待右腳定步後，右手以掌刀向右側橫砍，收回右手成右上左下式盤於胸前繞圈，向左行進回原位，跨左腳上內扣右腳，回轉身再上左腳，兩手在行進中於胸前畫立體圓圈，待左腳定步，左手以掌刀向左側橫砍，重心移轉，以右單換掌收式轉圈練功。

　　此式走向圈中心做動作，配合兩手的翻騰走轉，著重於身法之靈活應變。由擰身探馬掌法，所帶出的後天卦直趨技法為：**趨、踮、擺、掛、踢、截、蹬、躂**。歌訣：

擰身探馬掌訣
「擰身探馬著法靈
　擄手前趨蹬腿迎

轉身後踹蹬膝腿　外擺裏掛前後胸
上踢後骸前踢面　外領下截換腿蹬
摭住斜蹚後蹶腿　前後連蹚不容情」

第七掌　翻身背插掌

　　翻身背插掌，習練身法。以左單換掌轉圈式而言，腳步向中踏走，上左步左插掌，續上右插掌，上右步成左盤步式，翻身右掌繞過頭，重心落右腳，起左腳平抬式，左掌護左腿外胯，右手落勢橫劈於左腳前外側，落左腳於左側，跟右腳成左盤步式，由右回轉身，作前述之右燕形掌法式，落右腳，重心移轉，仍以左單換掌走圈，再接雙換掌式，換回右單換掌作完整的收式。

　　此式乃取其翻身擰轉身法之妙，猶重步法變化。由擰身背插掌法，所帶出的後天卦直趨技法為：**掖、擠、刁、摭、崩、撞、扣、搬**。譜中歌訣云：

翻身背插掌訣

「上步翻身背插掌
　進步掖掌最難擋
　截捶外領擠掌使
　挑臂刁掌胸下傷
　彼使探掌摭手卸
　進步崩拳劍肘強
　撞掌順手龍攬柱
　外領扣搬最難防」

第八掌　停身搬扣掌

停身搬扣掌，習練走轉身法變化。以左單換掌轉圈式而言，腳步以外步外擺、裏步外扣走步式，向右回轉身法，雙手並漸成抓扣握拳，重心落右腳提左腳，兩手分向兩身側攤出抓扣，掌心向上，落左腳外擺，左掌撥續左膝前，上右腳，右手越過頭頂向右腳前，做一按掖掌，由左回轉身，作左仆腿下勢，左手回鉤反掌下插，上內扣右腳下插右掌，上左腳成右盤步式，左回轉身提左腳，做一左燕形掌法式，落左腳，重心移轉，以右單換掌收式轉練功。

由停身搬扣掌法，所帶出的後天卦直趟技法為：捯、狸、吸、挎、搖、閃、橫、躥。譜中歌曰：

停身搬扣掌訣

「回身搬扣將身停
　捯繩三把右左迎
　狸貓敲心雙拳打
　退步摟身藏掌攻
　進步抬腿胯掌使
　搖身撐背打正胸
　撞掌閃身上步攦
　金豹躥山回身精」

　　一般先天掌法，採用固定掌式走圈練習，如獅子抱球、大蟒翻身、白猿獻果等式，再以所謂的換掌式換下一掌法，續仍以固定掌式走圈，此應屬轉掌單操式。

　　程派高式的先天八掌各有其身形、身法變化，走轉出八掌環環相連的掌式，以單換掌及雙換掌，為換掌的過渡式練功掌法，且其八掌均具有高靈活度，不但能表現出龍形游身的意象身法，符合拳譜記載，且具技擊效益，練形足以養生，練功適可攻防，是一可廣泛推廣的武術練功法。

八卦後天纏化掌釋微

八卦後天六十四掌，亦稱六十四手，據聞是董公海川以「說手不練手」的方法，指導弟子們演練攻防散招，其後，才由弟子們增刪整理成定式掌法，有了較規範的散手演練招式。

當時董公之弟子，多為帶藝拜師者，或因融合己藝，或因體驗另有不同，使得後天掌法的演練法，有以一動為一掌者，有以數動貫串組合為一掌者，亦有將後天掌法化入圓圈中走練者，亦有採直線往來習練者。

採化入圓圈中走練者，以尹氏一脈八卦掌為主，由張烈執筆及演練的《尹式八卦掌》，其六十四式，便是沿著圓圈走轉習練的。

張烈是遲士信的弟子，遲士信則是曹鍾升的弟子，曹鍾升原跟隨馬貴弟子傅文元學八卦掌藝，後經馬貴及傅文元引薦，到尹福家中學藝，亦得馬貴的指點，為尹氏一脈傳人較多的弟子。

另一脈以轉圈習練後天六十四掌法的，為林遂一脈。林遂為董公弟子韓福順弟子吳峻山的學生，其所宗之後天六十四掌法，是以推、托、帶、領、搬、扣、刁、鑽表八段套路，每段則各以八個走圈掌法習練，八八而有六十四式演練法，每式多以五字為一掌之名，如「丹鳳朝陽掌」、「順步撩衣掌」等，亦是化入圓圈中走練的一支脈

絡。

採直趨往來習練的，為程派高式八卦掌藝，及「大槍劉」劉德寬一支所演練者。高義盛一派所傳之拳譜，對六十四掌的記載較為詳盡，而劉氏一支，僅有1992年，由戴國斌為之整理的《劉氏八法六十四掌》，雖同是直趨練法，但於六十四掌名稱上，劉氏與高氏名稱迥異，劉氏取四字表一式，高氏則為一字一式練法，如劉氏第一段中有「猛虎跳澗」，第二段中的「轉身反肘」等，均以四字表達一式之練法。

戴國斌先生在其所整理的《劉氏八法六十四掌》中謂將循圈轉掌的八卦掌，改成直趨往返的練法的，便是董公弟子劉德寬，亦稱「直趨八卦」。

據言此套功法，共分八段，每段八動，計六十四式，不僅可成套操練，亦可分段或單式反覆、左右操練，可一人單練，可二人拆招對練，內含掌法、拳法、肘法、腿法，並有纏腕、抱拿、肩撞、背靠、胯打及膝頂等近身技擊方法，但因資料未及完備，無從詳加對照。

劉德寬，因善於六合大槍法，被譽為「大槍劉」，其在京時，曾從劉士俊學岳氏散手，又跟楊露禪習太極拳。並與程廷華、李存義結盟，倡議聯合八卦掌、形意拳、太極拳為友門，相互交流拳技。

若因此而集思廣義，集結出六十四手的招式技法，乃有可能，若道為劉德寬一人創編而來者，惜目前印證資料不足，只待來日再落實之。

余所習為「程派高式」一脈的，後天八卦蛇形纏掌，

此後天八卦六十四掌，是以每卦帶八式，八八六十四式。每卦之名藉易經八卦卦名，區分乾、坎、艮、震、巽、離、坤、兌謂之，又因式式皆具技擊之法，符合實戰運用，故又附以摔法、打法、巧法、妙法、肘法、腿法、擄法、步法為後天八卦之別名，各卦依其別名，亦以其別名特性，表露出該卦招式，所著重之技擊用法。

在八卦拳譜中，對於每一後天架式的用法，皆有詩句說明，習練八卦掌法者，尚需細研文中深意，方能不失原詩意義。

後天八卦掌，六十四個掌法，不但可單練，每式均有搭橋引手以問虛實而為即攻或防的參考，一可化解對方攻勢，亦可藉以制住對方來勢。

其步法的進擊，則掌握前趨摩搓步及後足蹬力，借勢打勢，借力攻力，加以後足蹬發之力，更可倍速地將對手擊出對仗範圍之外。而偏鋒走側的步法，一可避敵鋒，一可反佔攻擊先機，這種可前趨進擊，可走側攻奇的步法，極符合實戰技擊，且每招亦可作對拆研討鍛鍊，加以變化活用。

實則後天六十四掌法，各有巧妙技法蘊育其中，實不容忽視。一般未能深體其意的習練者，因不明掌法運用之妙，常無法充分發揮掌勢整體的技藝。由於八卦後天六十四式，招式繁多，今僅就部分八卦後天纏掌式，以為拋磚引玉的解說，參照共研。

後天纏掌著重用法，除了單換掌本身的基礎外，對於八卦掌走側避鋒的表現，身法擰轉的運用，表現的幾近淋

漓盡致。歌曰：

「掌法理術要知全　纏化連環箇中藏

摔打巧妙隨機變　展轉變化在眼前

步隨手起追法急　虛實動靜意在先

沾黏不離連隨法　觸手即發不空還」

期將後天八卦的纏化萬變的特性，蘊育其中。

如後天掌之**探掌式**，主取顏面。以左掌接對方左手，反掌扣腕外領帶拉，對方右手來攻，上右手攻對方顏面，並反掌扣腕往右側帶。進右虛步，轉動腰身以左掌上行，直接往對方臉面以掌探刺。

若探掌未得勢，對方反以左掌架開時，再以左反掌抓扣對方左掌，順勢進步，以右掌向對方的胸膛正擊之，沉肘，可將對方的右掌，同時壓扣在我右手之下，使之無法反擊。故於擊出探掌後，尚有正擊拳為後盾，得以再進擊對方胸腹部位。

如後天掌之**截掌式**，主攻腹肋。左穿掌搭橋式，以問對方虛實，隨即翻轉左掌，向左側外帶，亦即外領式，並扣住對方手腕，使其失勢。以右臂靠擊對方的左外肘處，並頂住其肘部。順勢進後步，頂在對方左腳後，並直接以右拳，向對方的腹肋間截掌橫擊。

對方在肘被制住且一時無以反擊的情形下，即使已知用右手擋住截掌，但因來勢為側身橫擊，勢猛而突然，即便能擋住，實際上勁道已入身懷，且腳後又遭頂扣，必失重心而向後仰倒。

如後天掌之**藏花掌**，托撞胸膛。左穿掌搭對方來手，

探 掌

捧 掌

並反手扣抓其手腕後外領，右掌隨勢，直接攻向對方面部，對手驚而欲以右掌擋架，右掌順勢，再反掌抓扣對方來架的右手腕，並使藏花手反轉向左側橫帶，左掌隨即攻向對手腹胸間，抓扣的手仍須制住。

對方若縮腹防守，隨即變招，鬆左掌來扣抓對方右掌，放右掌直接上行，以掌背向對方臉面間拍擊，連環攻勢，促使對手無從招架，足顯藏掌手法變化的巧妙。

如後天掌之**削掌式**，領砍挑撞。左掌上搭對方來手，反掌扣抓對方左腕，進右腳走側，順勢以右掌掌刀部位，砍向對方後頸項間，若對方低頭避過，再進前步，順勢以右掌虎口處，向對方脖項臉面間挑打。

若對手又以右掌架開，則用右掌反掌抓扣住對方右腕，以制住其右手，順勢擰腰，以左掌正撞對方的胸腹之間。在砍挑撞的連續動作下，攻勢凌厲，必可取得優勢。

如後天掌之**環掌式**，腹面環扣。以右掌搭橋接住對方來手，上左掌架制對方的右肘，右腳向後退，順勢將對手向退步後的右側下方帶拉，帶拉要有勢，將使對手失勢向前仆。人的反應，被拖帶後，必會向後抽回，乃順其抽身之時，上右腳並以右掌向對方臉面攻擊，左掌仍須扣制其右肘。

若對方欲防，向後仰身，一面以左掌架攻勢，一面向後退右腳，吾則反手抓扣其左腕及右腕，並分別向外帶，使對方之胸腹間形成空虛狀態。隨即重心落右腳，提左腳向空虛無防的腹胸間踢蹬，對方因兩手均被我所制，故不得再行防守或反攻，此式變招及扣制手法均要快。

閃　掌

挑　掌

　　如後天掌之**挫掌勢**，制肘橫挫。穿左手搭橋，一接觸到對方來手，即翻轉左掌，向左側外帶，亦即外領式，並扣住對方手腕。於對方俯身失勢時，即上右腳，並以右掌向對方之臂肘處下挫，左掌仍須抓扣並配合擰轉，使下挫之勢，一以制肘，一以使對方無從反攻。

　　當對方欲以退勢化解挫掌時，隨對方的退步而再次進步，並以右肘尖頂住對方最弱的腋窩下，使之無力反擊，且不得起身。此式在挫掌時，本已得勢，僅防對手縮身快速時，再以緊隨的肘頂法，壓制對方，此式緊湊的進擊，佔極大的優勢。

　　如後天掌之**閃手掌**，靈掌連發。以雙掌搭架住對方右手來勢，兩手距離，一在腕，一在肘，用意亦在制肘。在對手尚不及反應時，上步以右掌背橫拍向對方之臉面，對方必驚而架之，以右掌順勢撥開對方來架的左手，續以左掌向對方之臉面拍擊，於對方不及反應之時，再以左掌扣住其右手，以右掌再拍擊對方之臉面。

　　閃電手法貴在快，尤其擊在臉面之間，常令對手驚而不知如何反應，甚且不知臉面是被那一隻手所攻擊，此勢的連鎖反應，會令對手僅有招架而無反擊之力。

　　在拳譜記述中，曾云：「今世之學藝者，皆言創勁，攻勁，崩勁，強勁，俱非也。創勁太直難以起落，攻勁太死難以變化，崩勁太促難以展捷，強勁露形使之不靈，惟沾黏連隨四勁是也，最捷最靈，能使日月無光，出手不見形，打人不費力。手到勁發，如天地交合，大風一過，百草俱偃也。真如虎之登山，龍之騰空。」乃闡明後天纏掌

的勁道用法，主在沾黏連隨四勁，若能在拳藝用法的過程中，體會出此四勁的技巧要領，則過招時的起落、進退、反側、收縱，自在掌握之中。

故而得藝必試勁，方能深得體用之妙。發勁可傷人，亦可含蓄地以掌推離對方，勁道的拿捏極為重要，非熟練而有心得者，無法體驗。

在沾黏連隨的變勢中，沾手即近身、貼身便可發勁。例如纏手時，必先誘使對方雙手均為我所制，使對方幾無反擊之力，此時發勁與否，幾在我掌握之中。故而技擊時，運用沾黏連隨的技巧，於身法所能貼靠之點，不論是手、肘、臂、肩等處，均可為發力點。

八卦掌法，式式實用，借勢攻勢，借力打力，諸般巧妙皆在其中，深體之，玩味無窮。

招法於臨敵應用時，絕不可能有套招式地拳路模擬，故而平時便須先行熟練各式的掌法用意及其運用技法，有了正確觀念的培養，變式方能活絡。

如先天掌法中的單換掌換式時，當一手上穿架制住來手後，上步走側，以後腳擺扣步，扣住對方的腳踝，扣實，另一手便以裏裹掖掌，隨即向上或橫向穿軋地攻向對方，由對方腋下，橫使單換掌轉掌式，因敵一手被制，一足遭扣，加以吾身形之擰轉，對方必失重心而向後仰倒。

故論及用法，切要深體掌法之深義，並非只有形於外的架式而已。

「練時，即是用時」，這是前輩們的明示。但拳藝的傳襲，往往是套路易教，用法難釋。

　　招式要用的活絡，除基本動作要求正確而熟練之外，還要配合本身功力的發揮，功基底子愈穩，所能發揮的用法愈為淋漓盡致。更需習者本身的細心體驗，方能將整個架式靈活而奧妙地體現無遺。架式是師父教的，心得體會則全憑自己用功的程度，但於用法一則，確實仍是需要師父的指點，一點通，百理通，悟之較速，由自己研究體悟的亦有之，只是為數仍少矣。

　　後天八卦六十四纏連掌法，互為生剋變化，故而拆解掌式時，常不固定，需以何掌化解何勢，必先就對方來勢之強弱順逆，先探問虛實，再下判斷，或前趨直入，或避鋒走側進擊，或起手點化，或發勁彈擊，總依實際情況定奪，決無套招攻防情形。

　　故而習者，每於勤練拳式之時，必要切實有所體悟，甚或化入身體反應之中，使之成為吾身之自然反應。

　　況人之應變本就機巧萬千，捉摸不定，若對敵者亦為習武之人，則其動靜變化更加難以掌握，因而對敵時，識敵動機要膽大心細，敵不動，我不動，敵欲動，我先動，必能制敵在先。拳勢的變化，憑藉身體的自然反應及應變能力，判斷敵勢的虛實動靜，則依據的是意念判斷的正確及對敵經驗，故而師者，可以教之以技，不能授之以巧，巧藝之功，必須習者於實際操練中，身體力行的體驗與發揮，方能奏功。

北京尹氏八卦掌軼聞

朱寶珍先生

　　董海川的八卦掌，經由程廷華與尹福兩大弟子的廣傳，盛行於河北京津一帶，近年來京津的武術領域，雖呈現出新編與傳統武術並存的特殊環境，但依舊是臥虎藏龍之所，是以1996年4月余於停留北京時，藉機拜訪了習練尹氏八卦掌的朱寶珍先生，就其所瞭解的層面，談論八卦掌的源流與特色。

劉志剛老師（前排中）朱寶珍先生（後排左二）

朱寶珍先生之師劉振林先生，因身處北京習武風氣盛行的年代，曾吸收到八卦掌各家之長，是以朱寶珍先生，亦得以由其師處聽聞到有關八卦掌，各體系的練藝特性與軼事趣聞。

朱寶珍先生，1933年生，現任北京武協，八卦掌研究會副會長。1945年始，習練長拳。1950年投師原中國人民大學武術講師劉振林先生門下，有系統地學習尹氏八卦掌技法，並承習馬維祺風輪掌與梁齋文反勢掌法技藝。1958年從師胡耀貞，學習心意氣功，後又從何忠祺、何忠祥、張鴻吉三位老師，習練尹氏小架八卦掌藝技法。

朱寶珍先生，1982年至今，擔任北京東城垣武術館，八卦掌尹氏、程派技法教練。其所培訓的學生甚多，如朱春虎（其子）、賈沛、劉增旭、張立安、張立強、張而莫、馮利群、趙風永等人，曾多次獲北京武術比賽金、銀牌，其中馮利群曾獲北京六運會八卦掌金牌及1987年全國觀摩賽八卦槍第一名。而羅馬尼亞學生古爾達切賽，於1992年亦曾獲歐洲武術比賽八卦掌冠軍。

據朱寶珍先生所提供之資料，其師劉振林先生，字志剛，生於1887年，卒於1967年，原籍河北省武強人氏。十二歲到北京學磨刀剪徒藝，從李雲山習練形意拳，隨朱文豹習練程派八卦掌，師李永慶學習尹氏八卦掌法，由劉棟臣處習得馬維祺的風輪掌，從梁齋文練得反勢八卦掌，自劉寶珍處學得陰陽八盤掌。

後因擔任由程有龍、劉德寬於前門外西米巷，所設置武館的幫辦與教練職務，是以曾親受劉鳳春、馬貴、劉德

寬等人，於武術方面的指導。

尹福先生

尹氏八卦掌的代表人物：尹福字福德安，生於清道光二十年（1840年）卒於清宣統元年（1909年），享年六十九歲，今河北省冀縣漳淮村人。

據考其幼年因鄉里屢遭災害而來到北京，於朝陽門外吉市口頭條，初習剪刀行，後以賣麻花、油條為生，曾從回族拳師安長華習武，以羅漢拳、彈腿見長。聞尹福亦曾隨秦鳳儀習練武藝。後帶藝投師於董海川門下，為董公之掌門弟子，因其性情溫和，面目清秀，有「瘦尹」之稱。

藝成後一度以護院為職，並曾出任崇外稅務司巡檢之職，後經舉薦供職於宮中，聞曾傳藝予護衛太監崔玉貴。

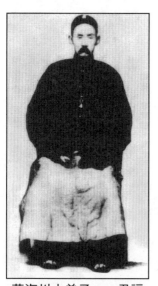

董海川大弟子——尹福

1882年冬，董公故世，尹福等眾門人弟子，將董公葬於京東直門外紅橋牛房村南，並分別於光緒九年、三十年兩度立碑於董公之墓旁。

尹福一生授徒眾多，其中以馬貴、李永慶、居慶元、崔振東、宮寶田、何金奎、門寶珍、金毓慧等馳名後世。

馬貴先生

馬貴，字世卿，河北涞水

縣人，祖居北京，其父為宮中木匠，常攜馬貴出入宮內。馬貴生性聰明靈巧，很得董公歡心，因其父與尹福結為兄弟，故拜在尹福門下，實則皆由董公秘傳功法，是以武功出眾，後因經營永義木器廠為業，人稱「木馬」，與董公另一弟子「煤馬」馬維祺齊名，併稱「二馬」，又因喜畫蟹，有「螃蟹馬」之稱。

馬貴雖常點撥後學，但從不輕授全藝，故同門皆稱馬貴「吝於傳藝」，惜功夫無傳。

何金奎先生

何金奎，字莊軒，生於1885年，幼時過繼給太監何得壽為子，何得壽在宮中任壽膳房總管太監之職。其後何金奎娶尹福之女為妻，為尹福之婿，武學成就顯赫。

其大弟子盧書魁，字空隱，在孫錫堃編著之《八卦拳真傳》一書，在台港翻印時，在盧書魁名下另以小字註「鴻賓」者，是為盧鴻賓冒名，盧書魁並未來台。盧書魁之年齡與何金奎相仿，但因盧書魁亦是自幼過繼給宮內太監為子，且其父之太監官職輩份較何得壽為低，依輩份盧乃拜於何金奎門下。

盧氏於1930年，曾任河北省國術館常務主任之職，該館地址，在今阜內大街一三一號，即現在的北京一五九中學內。董公墓地中現存的第三、四塊墓碑，即為盧書魁率眾所立，為籌經費，盧氏曾變賣多處房產支用。後至西北，任職甘肅省國術館，盧氏在京弟子張鴻吉（1908年至1985年）、張洪基（1907年至1988年），皆已相繼過世。

何金奎之子何忠祺、何忠祥承其父業，長子何忠祺曾任河北省國術館宮廷秘術科主任，中國大學武術教師，現已故世。朱寶珍先生曾從何忠祺、何忠祥、張鴻吉，習練尹氏八卦掌。

梁齋文先生

梁齋文，名玉真，生於1840年，卒於1921年，清代大將，出身武官世家，擅長拳，傳聞董海川入宮前，曾落居梁家，梁齋文隨董公習練八卦掌。後因武官官職較太監為高，故梁氏成為董公密而不宣之徒，聞梁氏曾習得董公不輕傳的八卦雙劍一〇八式，傳言有關董公身世、技藝來由，其知之最詳。

據梁氏言：「董公是按易卦之理創建了八卦掌，按八卦之數，創編了八種形同術異，各具獨特風格、特點的掌法，每種掌法共有八個獨立掌式，共計八八六十四掌（式和手）。董公在世時，八種掌法都有傳人。」

八個掌法，皆為行步轉圈，搭掌換式，但基本掌型和步法各有所長，據劉振林先生所集資料，僅得六個掌法，即風輪掌、硬掌、柔掌、反勢掌、陰陽掌與佛家掌，其餘兩掌則杳無蹤跡。

・風輪掌

風輪掌，為馬維祺所擅長，兩臂向前舉與肩齊，曲肘分前後，兩肘尖垂地，前臂橫臥於胸前，後臂抱肩護於前肘內側。兩臂裏擰坐腕，掌形橫側立掌向兩側分，四指微分，拇指上指，虎口圓撐，指尖扣掌心內吸，前手拇指與

眉齊高。

以自由步行步轉圈，動作大而快捷，以上中盤功架為主，變式換掌以旋轉步居多，其風格為掌似風輪，身如旋風，腿賽流星。

據傳馬維祺能在三尺深的沙土上，行步轉圈而無痕。

·硬　掌

硬掌，為尹氏八卦掌掌法，兩臂向前舉與肩齊，曲肘分前後，兩肘尖垂地，前臂橫於胸前，後臂抱肩護於前肘內側，後掌尖與前肘尖相對。

兩臂裏擰坐腕，掌形斜側立掌，四指併攏內捲，四指尖上挑，拇指回勾貼於掌面，掌心內吸，前手掌尖與眉齊高，或另採將虎口撐圓方式。

行步轉圈自然快捷，平起平落，以上中盤功架為準，變式換掌採扣八字步，擺後成橫開步，或後腳跟提起，隨擺步順碾成順步。

其後，以尹福之婿何金奎為代表，改為小架練法，步距小顯得靈活，敏捷多變，技法小巧細膩，突出了尹氏掌法的特點。

·柔　掌

柔掌，為程氏八卦掌掌法，兩臂向前舉與肩齊，曲肘分前後，兩肘尖垂地，前臂橫於胸前，後臂抱肩護於前肘內側，後掌食指尖與前肘尖相對。兩臂裏擰坐腕，掌形豎立掌，虎口圓撐，食指、中指分開並挺立反勾，後三指併攏裏捲，掌心內吸，前手掌尖與眉齊高，側立轉圈時後肘對胸口。

朱寶珍先生示範

馬維祺風輪掌

程派柔掌

尹派硬掌

梁玉貞反勢掌

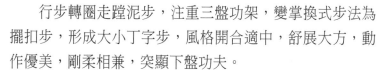

行步轉圈走蹚泥步，注重三盤功架，變掌換式步法為擺扣步，形成大小丁字步，風格開合適中，舒展大方，動作優美，剛柔相兼，突顯下盤功夫。

· 反勢掌

反勢掌，為梁齋文所傳授，掌型與程式掌型，基本要求相同，區別是四指微分，虎口撐圓，指尖微內扣，走蹚泥步，步距較程式步微短，走三盤功架，變式換掌步法以擺扣、順步為主，與眾不同的是，扣圈裏擺圈外步，走外旋進圈裏，亦重下盤功夫。其它掌式均為扣圈外步，擺圈裏步，走裏旋。

據劉振林先生的講述，曾見梁齋文於豎立的磚上行步轉圈，變換掌式如行雲流水，穩如坐轎，風格特點是先遠後近，外旋裏進，以轉身手法為多，掌法特點是急、快、猛、硬、旋。

· 陰陽掌

陰陽掌，為劉寶珍之掌法，兩臂向前舉與肩齊，曲肘分前後，兩肘尖垂地，前臂橫臥胸前，並向前45度方向，側前上伸，後臂抱肩護於前肘內側。兩臂裏擰坐腕，掌形前掌掌心向上，成微向平托的陽掌，後掌掌心向下，成指尖微向上挑的陰掌，四指分離，指尖微扣，虎口圓撐，掌心內吸，前掌指尖與眉齊高，側立走圈時，後肘對胸口。

行步轉圈走陰陽步，圈裏腿外擺胯，使腳的裏側向前，腳尖向圓心邁步，圈外腿合胯，腳外側向前，橫腳經圈裏腳後側向前邁步。當兩腳不動時，成馬步或交叉步。

變式換掌以馬步和弓步居多，不講擺扣步法，行步轉圈較穩健，掌法以吊、拿、掖、踢見長。

・佛家掌

佛家掌，為樊志永之掌法，掌型基本同於程氏掌型，區別是虎口撐圓，四指併攏裏捲，掌指豎立中指上頂，掌心外凸，名為瓦隴掌。變式換掌不講擺扣步，而以自然步行步轉圈。掌法中以弓步、馬步、仆步居多。

訓練功法時，需在室內供有董海川、長眉老祖與達摩遺像，進香禮拜後開始練功，強調以佛家之功，練道家之術，功法要領是以意念指導一切，而無影無形。

掌法以手名之，如八大手，一手變八手，八八六十四手。其特點是輕捷靈活，翻轉身形快，柔中帶剛，另有佛家功、金剛大力法和拳法，全稱「無極八卦」，據傳樊志永能於缸邊或筐籮上行步轉圈。

上述各掌，各以不同形式傳人，其中以程、尹兩派傳人較廣，由於董公海川的師承與傳藝過程，本具推測與傳聞色彩，其弟子間之軼聞軼事亦甚多，僅此提供八卦掌愛好者參考，以博覽見聞。

八卦掌與健身運動

時代科技不斷地進步，交通工具也日新月異，人們經常以車代步，致使走路的機會漸漸地越來越少，於是腿部的功能便在不知不覺中，隱伏著退化的危機。

腿部機能的是否健康，實可作為個人身體狀況的一項指標。在一般日常生活中，集目所見，許多年僅半百即已顯現出步履蹣跚，老態龍鍾現象的人，已然不在少數。但如何才能有效地防治腿部退化的危機，進而強健腿部的功能，此應是今人的當務之急。

我國歷代不少醫學家、武術家、養生學家等，也都極注重上述事實，所謂「人老先由腿上見，步履維艱手杖添」，他們歷經長時期的觀察、研究、探索及實踐之後，不斷地提出，走步是養生最直接的一種運動。

古云：「安步當車久，人活九十九，朝夕百步君須記，腰腿轉動壽延年。」皆是一再地強調以走步來強健腿部機能的重要性。而走步的運動中，散步則未盡全功，慢跑對心臟不佳的人，反形成負荷，其他活動，有的只顧得腿未顧得身，或顧得外在型體肌肉鍛鍊未顧得內在神、氣調理。

就筆者多年經驗體會，內家拳中八卦掌行步走圈的運動方式，既能顧得周身體能的培養，又能達到人身精、氣、神的充分調理。它是練武必備的功法，也是一項效果

奇佳的腿部運動。

八卦掌在近代武術拳藝中，獨樹一幟，其武學重點，是以強調走轉擰腰，曲腿走圈的方式，為基礎的武術運動，嚴謹而有內涵，因此其強身的理論和功效，亦有其獨到之處。

轉圈的特點是走轉，八卦歌訣中云：

「練功轉掌足根源，以圈為法走要圓。

圈裏為裏圈外外，圈為先天八卦盤。

裏掌要頂指要領，外掌要蹬力要全。

調理陰陽合氣血，頤養精神妙如仙。」

足見八卦掌法中的行步走圈，就是一種鍛鍊腿部的運動。其基本練習方式，是使上身與腰髖部分向圈中擰轉，兩膝裏扣，雙足互相蹬步行進，配以行氣走意，持續走圈，來培養功力，鍛鍊體魄，強健腿部機能。

略去其對武術功法的必要性不談，單以健身方面的作用而言，不僅已在傳統上被人們所肯定，且亦曾受過現代醫學、科學的徵驗，更進一步地證實其強身功效的可靠性。

徵驗的方式，大陸中醫院採練習八卦掌組，及一般未練八卦掌的對照組互做比較。醫學專家曾對練習八卦掌的老人，做了醫學及生理學方面全面性的研究觀察實驗。其對練習組及對照組，做了包括身高、胸圍、肢體圍、X光片、肺部呼吸功能、心電圖、握力、十二分鐘走步、身體前屈、後屈、轉體等項目的多樣測定。

發現經常練習八卦掌，的確可以強身壯骨，並能減緩

與防止各種日漸衰老的生理退行性變化。據統計資料顯示，練習八卦掌組老人除身高與對照組相差無幾外，其餘所有各項測驗，都明顯優於對照組。

醫學專家特別強調：「練習八卦掌對於增進心肺功能方面的積極作用，以及提高肌肉彈力、耐力、關節靈活程度的優益作用，有卓著的功效。」

八卦掌的走圈，可使全身活動逐漸發熱，加速血液循環，有效地防止血管管壁出現沉澱物，並可使內臟器官受到有規律的刺激和按摩。利於胃、腎等各種內臟下垂疾病的恢復。

兩腿交互蹬步行進，可鍛鍊單腿直立時身體的平衡，加強了神經系統的運動協調性。走圈時上身持續地向圈中擰轉以及掌式的變換，可使得脊椎的附屬韌帶，不斷地受到牽拉，無形中增強了這些韌帶的牢固性，可以防止椎間盤脫出症，脊椎滑脫症等疾病的發生。更可減少或緩解骨質生病引起的疼痛（即俗云「骨刺」）。

上身持續擰轉還能提高腰肌負荷量，防止腰肌勞損症的發生，即所謂的腰部痠痛症。故八卦掌的走圈行步實對人體有著莫大的助益及療效。

我們常能看到或親身體驗到，這樣地現象，人在較長時間的下蹲後，再站起來時，就會感到頭暈眼花，昏昏欲倒，甚至需要抓扶支撐物，才能免於跌倒。而一個久病在床的人，在其初次下床時，也常會因頭暈目眩，站立不穩又倒於床上，導致此現象的原因，就是腿部肌肉功能不足的結果。

現在醫學證實，腿部的靜脈系統儲存著大量血液，靜脈血管主要依靠肌肉的不斷擠壓，把血液送回到心臟，然後再經過肺部的氣體交換，排出二氧化碳，結合氧氣後，形成動脈血，再由心臟泵出，以供應全身各個組織器官新陳代謝的需要。

在全身的組織器官中，腦部組織對缺氧最為敏感，一旦因腿部靜脈送回心臟的血液減少，或心臟收縮功能下降，導致心泵出的血量不足，就會先使腦部組織缺氧，而出現眼冒金星，昏眩無力的現象。

避免上述現象發生的最好辦法，就是使腿部肌肉堅實有力，並提高心臟的收縮功能。強健肌肉的週期收縮的能力，使其能有力地擠壓腿部遠心端靜脈血管，以加速靜脈血的大量回流，造成心臟收縮前的負荷加大，泵出的血量增多，進而促進腦組織，及全身各個組織器官的血氧供應，使全身組織新陳代謝的過程更充分，更順暢。

此作用不僅可避免頭腦發昏、暈眩的現象發生，且更增益了整個機體功能。此外心泵出血量的增多，還可以使冠狀動脈血量充沛，減少發生心臟病的機會。而最能使腿部肌肉堅實有力的根本方式，便是走路運動。

走路可以增強下肢肌肉和韌帶的活動能力，保持關節的靈活性，並有益於心臟血管系統的正常機能，促進整個身體新陳代謝和健康。

美國醫學博士斯塔曼在《讀者文摘》指出，利用走路來消耗人體的熱量，就可收到減肥的良好效果。正常速度行走一小時，可以消耗300至360卡熱量，每隔一天走一

小時，一個月可減輕約體重一磅。

如果以八卦掌的行步走圈，要求撐身轉走一小時，最少能消耗600至800卡熱量。以斯塔曼博士的理論計算，消耗3500卡熱量，可減少一磅半體重。那每日轉圈一小時，一個月最少可減去六磅體重。如每天堅持練習，不但能有效地減少體重，更可使體型健美，並防止因肥胖而產生的各種疾病。

在許多疾病中，諸如高血壓、糖尿病、冠狀動脈性心臟病、膽結石、膽囊炎、腦血管病等，都和肥胖有關。

根據國內外最新資料顯示，治療和預防上述疾病的最有效方法，就是減輕體重，對此除了合理的飲食療法和藥物治療外，選擇適宜的運動方式，以消耗適當的卡路里，實有其必要。

八卦掌的「行步走圈」，是既安全又有效，且最易獲得成功的減肥捷徑之一。而行步走圈，亦是走路運動中最為周全的一種運動方式，收效很大。

人身體的強弱可以從精神上表現出來。「神」，是人體精神意識思維等活動，表現在外的指標。「無神」，預示人體的衰弱，甚至預示著死亡。「神」產生於精，有精才有神，合而謂之「精神」。古籍中皆有記載，如《素問金匱真言論》言到「夫精者身之本也」，便說明了精對於維持身體健康的重要性。

「精」，可分為先天之精和後天之精，先天之精稟受於父母，藏之於腎；後天之精來之於脾胃，乃飲食水穀的化生。《素問上古天真論》中云：「腎者主水，受五臟六

八卦掌行步走圈示範

腑之精而藏之。」故五臟盛乃能瀉，這就告訴我們先天之精依賴後天之精的不斷充實。《素問痿論》曰「脾主身之肌肉」，指出了肌肉與產生後天之精的脾功能，有著密切的關係。

在醫學論點看來，肌肉運動依賴於脾臟功能的健壯。同時肌肉的運動又能增強產生後天之精的脾臟功能，使後天之精更加充實。後天之精的旺盛就會充實了先天之本，使腎精也隨著充實起來。

先天與後天兩精充實旺盛，便使得人體有精有神，繼而身體強壯，耳聰目明。因此，最優的健身方法應該是有效地增益脾胃之精。

後天之本的脾屬足太陰經，起於大趾內側端，經足內踝沿下肢內側進入腹部，屬脾絡胃。先天之本的腎屬足少陰經，起於足小趾蹠側，沿下肢內側後緣上行，貫脊屬腎絡膀胱。此乃脾胃經絡的行走路線。

若我們仔細研究八卦掌「行步走圈」的練習要領，不難發現，八卦掌要求兩足平踏抓地，雙腿交膝蹚步行走。轉動腰脊及腹部，牽動腰腹及腿部的各個肌肉及韌帶關節，正好是足太陰脾經和足少陰腎經的行走路線。

八卦掌擰身走圈的練習方式，使得足太陰脾經和足少陰腎經，常得到鍛鍊，可增強脾腎功能，充實先後天之精，足見八卦掌的「行步走圈」，可補益脾腎，強健體魄是有絕對的理論根據的。且經過醫學專家的觀察發現，經常練習八卦掌的人常顯得精神充沛，面色紅潤光澤，兩目炯炯有神，步履矯健，這便是行步走圈運動中，使得內臟

受到有規律的刺激和按摩，利於五臟六腑，補給先後天之精，使之充裕而有餘之故。

我國古代著名醫學家華佗曾說：「人欲得勞動，但不當使極耳。動搖則穀氣消：血脈流通，病不得生。」這就明確的告訴我們，為了保持身體健康，人體需要運動，但又不能使運動過量，需得一適宜之運動，方能事半功倍，效果彌彰。八卦掌的周身運動，便是最好的選擇。

八卦掌另一個突出優點，就在於它能因人制宜，能適應各種不同的社會人士及中、老年人。八卦掌不受固定行走圈數和招式的限制，可以因人而隨意調整。

年輕力壯者，可走中盤乃至下盤掌，可走圈持續數小時而掌式變換自行掌握。走圈速度可快也可慢，快則敏捷俐落，慢則氣沉意專。對於各種人來說，練習八卦掌都沒有勉強或不足之感。練習的場地甚小，僅直徑2至3米的空間即可。常年持續練習能健美體格，精神飽滿。延緩老年性，退化病變而延年益壽。更可調整精氣神，使身體永保最佳狀況。精神奕奕，活力無窮。故而經常練習八卦掌是最優益的養生之道，亦是一種符合現代醫學、生理學，能健身延年的運動。

形意拳篇

形意拳源流概論

　　形意拳是我國傳統武術中內家拳種之一，原名心意六合拳，心意拳因其流傳年代已久，以致它的名稱、源流、技法、內容以及理論著作等方面，出現了許多不同的衍變和分岐，正因為技藝和內容產生了歷久的變化，以致於對它的創始人和幾代的傳承人，也都出現了不同的說法。

　　據現有可考資料的記載，形意拳的創始人當屬明末山西浦州人姬際可（字龍峰或隆風）。其緣由有二：

　　一為據清雍正年間拳譜《心意拳原委考》及《拳論質疑序》中記述：「姬際可家居尊村（今山西永濟縣）姬氏九世孫。技勇絕倫，尤精大槍術。善飛馬點椽子，舉槍不漏，人稱『神槍』。他常言道：身處亂世，執槍以自衛則可，若處太平之日，刀兵消伏，倘遇不測，將何以禦之。於是其以槍理作為拳理，融合拳槍一體，創編成，以心行意，手足相合，講究心與意合，意與氣合，氣與力合，手與足合，肘與膝合，肩與胯合的心意六合拳。」

　　其二據乾隆十五年民間所流傳《心意六合拳譜序》（手抄本）中，也記載有：「心意六合拳，獨我姬公……後授余師曹繼武先生於秋蒲（安徽池州）」之說，亦以師傳自姬氏開始，並未有姬氏之前的師承。

　　心意拳源於山西，清乾隆年代後，因勢利導在山西、河南、河北一帶廣泛的傳播，形成目前形意拳主流的三大

支系。近百年來更有了較大的發展，且名家輩出。

河北、山西二支系的形意拳，於拳法理論方面較為相近，其基本拳路均為五行拳和十二形拳。而河南一脈，在理論和拳路方面，都與前二支系有所區別。一為所宗拳譜不同，二則為套路練法不同。

河南所宗者是一部《守洞塵技》，這部書分上下二部，本為道教「七步塵技」中的一支，由姬際可傳予弟子曹繼武、馬學禮，原拳法古樸務實，內容精深簡要。山西與河北二支系，皆承傳自戴龍邦的再傳弟子李洛能的技藝，拳法重內功講勁力，但由於所學者的資質不同，故而發展不同。

名震遐邇的李洛能先生，有八大弟子揚名於世劉奇蘭、郭雲深、白西園、車永宏（毅齋）、宋世榮、宋世德、劉曉蘭、張樹德等。而其中又以河北的劉奇蘭、郭雲深，與山西的車永宏、宋世榮四人最負盛名，技藝各具特色。劉氏身法似蛟龍翻浪；郭氏精技擊善崩拳連珠；車氏技藝精純身法靈活巧妙，宋氏之內功上乘，臻至化境，皆練就一身超群武藝。其後河北、山西的拳藝，便由此四人傳授開來。

山西派，由於車、宋兩人均精於內勁，拳法勁力精巧，拳路形象緊湊，為其獨到之處。而河北劉奇蘭、郭雲深等人，拳法近乎古樸，拳路舒展大方，較具恢宏氣象。

在練法上，河南派拳式較慓悍勇猛，氣勢雄渾。河北派拳式舒展，氣勢豪放。山西派拳式緊湊，輕靈精巧。在基本拳法上，河南派有十大形：龍虎猴馬蛇雞鷂燕鷹熊，

套路則有：四拳、八勢、龍虎鬥、橫關、三皇鎖及上中下四把。山西、河北派有以三體式，五行拳：劈鑽崩砲橫，十二形：龍虎猴馬鼉雞鷂燕蛇駘鷹熊為主。單練套路有：五行連環、雞形四把、八勢拳、雜勢捶、十二洪捶、八字功。除單練套路外，尚有對打套路：五行生剋、安身炮、五花炮、九套環、散手炮等。另有器械套路：連環刀、三才劍、六合槍、連環棍。

山西、河北兩支派，後來又出了幾位傑出人物，如車永宏弟子李復貞，宋世榮之侄宋鐵麟，劉奇蘭弟子李存義、郭雲深再傳弟子孫祿堂等。另河南支脈傳人買壯圖、寶顯廷等人，都是承先啟後的佼佼者。

1888年，形意拳名家車永宏在天津與日本劍道高手坂山太郎較技，坂山本欲先發制人，於是揮劍強攻，眼看稍得片刻即將車氏逼到擂臺邊緣，坂山一個騰身，一劍直衝車氏之心窩刺去，車氏乘機以一招迂迴步，隨即飄旋至坂山身後，並用劍端輕點其肩胛，坂山未料車氏有此絕藝，剎時驚服，甘敗下風。

1918年，張兆東弟子，形意拳家韓慕俠，亦曾在北京六國飯店技服俄國大力士康泰爾，為當時一大新聞。1914年，李存義弟子郝恩光，應邀東渡扶桑，教授留日學生，讓形意拳藝在國外傳揚開來。

形意武術家揚眉吐氣，不遺餘力的努力結果，致使形意拳流傳發揚的範圍更為廣遠，是為形意拳發展的黃金盛世。三派形意拳雖同出於一源，但因習者對形意拳的體認程度不同，加以各地人文及地理環境自成風格，遂有了不

同的發展方向，各善其長的結果，便產生了不同的形意拳藝。

李存義，河北深縣南小營村人，拜於劉奇蘭門下習藝九年，當時又與八卦掌名家程廷華、劉鳳春等人交善，兼習八卦掌。為人英風俠骨，大義凜然，曾參與義和團活動，與八國聯軍激戰於天津，手持單刀上陣，令洋人聞風喪膽，人稱「單刀李」。

1911年與什雲表、馬鳳圖、張占魁等人在天津創「中華武士會」，以振興國威倡武樹人。授藝門人有尚雲祥、郝恩光、黃柏年、姜玉和、傅劍秋、馬玉堂、李彩亭，李星階及其義子李彬堂等。

李存義曾赴山西太谷，切磋拳藝，其後並融合河北系的形意拳藝，與個人武學研究心得，寫成《形意真詮》一書，傳於弟子間，闡明形意拳的精要內容。此書雖未曾正式出版，但卻是河北派門人，所承傳的武學秘笈要本。

《形意真詮》內容涵蓋拳論、內功、拳法、對練、器械五大部分，廣博嚴整。其中尤以內功法、八字功和上中下八手，為練功進階必備功法要領。內功部分，有三大絕學，在1990年《武術健身》雜誌雙月刊中，傅劍秋弟子裴錫榮的徒弟郭長生，曾對此三項內功做過論述。

一、內功法

由內功經、納卦經、神運經和地龍經，四大部分組成，以氣勝形隨，意動神隨為主要精神。內功經，使五氣朝元，週而復始，四肢、元首之收納甚妙。納卦經，以八

卦之名，代以頭頂、膝足、肩背、襠胯、胸肋、意會等為修練內功之要領。神運經，以神運之體、式，用意帶出十二大功法之法力。地龍經，言明底功之利，縱橫翻騰之行。

這套功夫乃傳自山西宋世榮先生，當年李存義往山西太谷，拜訪同門前輩時，機緣所得。宋世榮的弟子郝湛如，亦曾就內功經的四個部分，分別述論。

尚雲祥弟子李文彬在《尚氏形意拳械抉微》專輯中，亦曾提及此內功經的資料。此套功夫玄奧精深，講究內氣運行，發勁關竅，著重發揮身心的奧妙，與河南派所宗拳譜《守洞塵技》中的手前、手後、內五行功、七寶丹田功等，有所不同。

二、八字功

此乃形意門，一套授徒極嚴的功夫，八字功共有八字訣，每字一套拳，含八種打法。此功法區分為正、奇兩門，但一般述及形意八字功內容的書籍，大多只有正門或只有奇門八字功一種，並無二種併列說明及練習的。正門八字功是古譜所傳，勁法古拙而剛勁；奇門八字功是後世拳家經驗集粹，勁路及招法變化十分精妙。

正門八字功，有八字訣：展、截、裹、跨、挑、頂、雲、領。要領如後：

展，展者寬之意，即擴張手足也。

截，截者裁也，以裁退敵手也，此節最見身法。

裹，裹者圍裹也，裹敵手使失其效用也，身旋而力

柔，有以柔克剛之妙。

跨，跨如跨馬之勢，是言其形也，實則托跨之勢。

挑，挑之力在於肩與腿，與蛇形相類而手稍高。

頂，頂之力在頭，故此以挺頭垂肩為好。

雲，《說文》曰：雲從雨雲，象雲回轉之形，今所用者，即借其回轉之意，其兩掌皆如行雲之飄忽焉。

領，領者受也，順勢而領取也。

奇門八字功，亦有八字訣：斬、截、裹、胯、挑、頂、雲、領，八字相同，但著重點不同，如後：

斬，左右劈掛斬加翻，上步虎撲加頭鑽。

截，擒拿肋中臂截肩，一陰一陽左右換。

裹，裹肘刮地加肘錘，肘打去意在腰間。

胯，肩肘打意緊相連，左挑右肘莫等閑。

挑，刮腿之中挑向前，再加膝頂是真傳。

頂，白鶴亮翅左右攻，裹挑之中肘相連。

雲，上鶻下刮手腳連，兩沖變馬拳上添。

領，左右領手陰陽換，上鑽下打具用拳。

如關永年編著的《形意五行拳術》在其後記中，介紹李星階（文亭）時，所登錄的八字功圖片，是屬正門八字功的練法，但招式上，仍無法確認。李星階為李存義的弟子。歌訣方面，另有奇門八字連環拳歌訣如後：

「起手鷹捉是真傳　鉤掛之中把敵斬
　上步橫肘是截意　退步裹肘原是三
　肘胯雙行側意猛　金雞上架挑意翻
　白鶴亮翅換步頂　雲領式中腿相連」

形意拳學中，有「五行拳為體，八字功為用」的說法，由此可見八字功為練形意內功的重要法門。

三、上中下八手

上中下八手，共分三套，又稱為陽八手、陰八手，陰陽八手，或硬八手、軟八手、軟硬八手。這二十四手拳法，向為形意拳門的無上絕學，若說「八字功」授徒極嚴，那麼這上中下三套絕手，則歷代只傳掌門弟子，其他練形意拳者，恐難習見，甚或從未聽聞，可見其保密程度。據聞此為門規所致，非師者保守，主要是生怕誤傳匪人，糟踏絕技。

此二十四路絕手，又名「形意神打」，是形意門拳法精粹所在，拳路精妙只在五行拳與十二形拳的精巧組合運用，而且講究勁法的奇正虛實變化。從有剛有柔，到亦剛亦柔，再到不剛不柔的境界，方為大成。因此《拳經》上說：「懂勁而知法者，上乘功夫，懂勁而不知法者，中乘功夫，不懂勁也不知法者，為下乘功夫，概懂勁難，而知法更難。」上中下八手各有勁訣用法如後：

上八手的勁訣用法為：

「起如剛銼，落如鉤竿，起者去也，落者回也。未起如摘星，未落如墜月，起如箭，落如風，追風趕月不放鬆。起如風，落如箭，打倒還嫌慢。足打七分手打三，五行四梢要齊全，氣連心意隨時用，硬打硬進無遮攔。」

中八手勁訣用法為：

「起似伏龍升天，落如霹靂擊地。起無形，落無蹤，

去意好似捲地風。起不起，何用再起，落不落，何用再落。低中望為高，高中望為低，起落如水中翻浪，不翻不躦，一寸為先。」

下八手勁訣用法為：

「拳打三節不見形，如見形影不為能。虛中含實，實中含虛。奇無不正，正無不奇，奇正之變，妙用無窮。拳無拳，意無意，無意之中是真意，即三回九轉是一式也。」

在套路方面，二十四手區分為上中下三路套拳。

上八手八路拳為：麟蓋、撐拔、虎賁、劈捉、推掠、龍戰、猿紘、馬擊。

中八手八路拳是：鴰打、換形、熊攀、攝引、雁翼、雞搓、豹捶、鵬搏。

下八手八路拳為：獅吼、扣鎖、蛇影、鴣纏、雁肘、鷹相、鶴列、鸞趨。而二十四手歌訣總論為：

「廿四拳法要記牢　進退反側各有招
　十二形中求變化　心意拳法技藝高」

拳譜間的異同，想必是因前人的修為心得融會，而有所增補所致，本無可厚非，更無所謂門戶之見。形意拳藝，則因各弟子們的領悟與體驗不同，及地緣所致，逐漸形成河北、山西、河南三個主流，分別發展形意拳之精神。近代形意拳名家，李存義，是一位承先啟後的重要人物，而其所編成之《形意真詮》更是集大成之著作，對形意拳的走向及內容傳播，有極大的意義與功效。

形意拳早期拳法樁法探秘

在山西祁縣的戴氏心意拳套路中，十形與四把是經過戴龍邦在原拳上再行改變而來的，而三拳及五行拳則是在其繼承的過程中創新發展完成的。其中三拳因李洛能並未將之傳授給河北形意拳一派，故至今河北一派仍無人有精悉此三拳者。據悉郭雲深於臨終前，對其未能目睹戴氏三拳之事仍一直耿耿於懷。

戴氏三拳為戴氏心意拳之絕學，三拳者，據《拳經》記載為：鑽拳、裹拳、踐拳。所謂：「鑽拳似閃電，裹拳類虎蹦，踐拳似馬奔，連環一氣演。」其中鑽、裹兩拳各有左右式，踐拳又分頂肘和撲掌兩個雙把式，此前後六式連環相貫，便形成心意短套路「戴氏三拳」。在過去對此拳套的傳授極為保守，致使許多習練形意拳者，慕而難尋，先輩中亦有探究終身而仍未能窺得其貌者。

鑽拳式，為前手在胸前螺旋纏鑽，而後手則靠於前肘側；裹拳，乃兩掌於面前裹外環撥「如包裹之不露也」；踐拳之兩式，是前者雙肘前上頂，後者雙掌疾撲，此三拳六式，定式時皆以弓步操練。戴氏三拳，其架式簡潔有力而精練非凡，可惜極少外傳。

與三拳同時者，尚有戴氏三棍，即「崩棍、炮棍、反背棍是也」。《拳經》記載：「崩棍只要猛，炮棍似風行，反背疾如矢，真乃在其中。」三棍採用短棍演練，棍高約

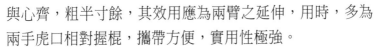

與心齊，粗半寸餘，其效用應為兩臂之延伸，用時，多為兩手虎口相對握棍，攜帶方便，實用性極強。

《拳經》亦有讚辭云：「三拳三棍非尋常，緊陣圓滿是正方，習時若至通神處，武藝之中狀元郎。」乃強調三拳三棍之臨場實戰性極奧妙。

繼心意拳套路之四把、三拳、三棍之後，戴龍邦又研創出了五行拳。即劈、鑽、崩、炮、橫。五行拳的創編，是有跡可尋的。其中劈、橫兩拳是出自四把之斬手及橫拳；鑽拳則是來自三拳中之鑽；其餘的崩、炮兩拳之名，則得自於三棍中兩棍式之名稱演變而來。

五行拳法較為一般大眾所熟知，但五行拳之創始不僅遲於十形和四把，也在三拳三棍之後。此一先後順序在《拳經》記載中足可辨明，應為戴龍邦所創，並非姬隆峰所傳，且已成為山西、河北派形意門中主要拳法。

自戴龍邦創出三拳，三棍和五行拳後，心意拳在山西被視為珍寶，此技尤重視心和意的結合，氣、勁亦會因而得全。其主張求藝必先柔而後剛，練時務求先緩而後疾，但其中的練功法，乃屬神奇內功範疇，為不傳之秘。

戴氏心意拳在山西祁縣，一直以保守的方式承傳，直到第三代弟子戴魁（奎），才與外界有技藝上的接觸，聞戴魁技高手狠，有多起事蹟傳世，且曾與太谷宋鐵麟、布學寬等人有過接觸，但未知是否有技藝上的交流，宋、布兩人乃是李洛能之再傳弟子。

心意拳的雞步原為足跟虛點地而前置者，戴龍邦將其增變為：一足跟離地而緊靠於另一足內踝的雞步（有稱擠

步或提步者），此步足前掌仍上翹，兩足平行向前，前後相齊。凡戴氏所傳者皆為此步型。

李洛能取後者為練習功法，但其足跟靠踝之式並不稍停，而是採一擦即過的行步，形成磨脛步。優點在於形態束縮，進退輕靈，且發勁時合力聚增。

戴氏心意拳，基本樁是六合樁，民間稱之為「蹲猴式」或「蹲毛猴」，乃取其外形而得名。六合是心意拳神形兼修的宗旨，六合指宇宙大自然及人體的緊密結合，即上與下合，左與右合，前與後合，做到天人合一的境界。

人體本身亦有所謂的六合，內三合，心與意合、意與氣合、氣與力合；外三合，肩與胯合、肘與膝合、膝與足合。站樁的姿勢便與六合有著極密切的關係，因樁形身似猿猴，形如丹爐，下蹲式，使身長縮短三分之一，對周身氣血的運行及功法的激增，有極大的幫助。

蹲猴樁的樁法要領，要做到頭頸正直，兩眼平視，舌抵上齶，意守下丹田，抱肩縮胯，且鼻尖、膝尖、腳尖三尖要對齊。

身法上的要求應該要做到，雞腿、龍身、熊腰、猿背、鷹膀、虎豹頭，尤其是猴背的弓型，乃意味著「展勁」在裏面。這是樁法在外形上的要求標準，除架式外，肩與胯合、肘與膝合、膝與足合，是站樁功上，很重要的外三合。

樁法的內功修為，對內三合的要求，亦是很嚴格。心與意合，是使心神脾意都處在極靜的練功狀態中，以達到自然恬靜的「虛靜無為」，進而意守丹田，使丹田築基基

礎打好，倍增元氣。

意與氣合，乃以意領氣，逐次完成練精化氣、練氣化神、練神還虛及練虛合道的階段，使下丹田充滿真陽之氣，以利身心，亦可催動氣血運行。

氣與力合，講究在充沛元氣後，再將之善用在技擊上的方法。為了使出拳速度快而威力大，氣和力必須緊密地結合在一起。

心意拳有所謂的蹲丹田功，又被稱為站椿一步功（椿功其實有五步功：蹲丹田、轉丹田、搬丹田、砸丹田、射丹田），在蹲丹田功中，把下丹田結成後，接著練原地起

戴氏心意六合拳椿法示範：
段志善先生

蹲猴椿一　　　　　　蹲猴椿二（動步）

落式，即轉丹田，再加上步伐是為搬丹田，接著排勁，即砸丹田，最後加上發聲是為射丹田。

在每步功法上若都能練到氣與力合時，便會凝聚強大的內在丹田爆發力，以氣催力，使意念帶動力到四梢末端，如此才能真正做到心意拳的剛柔並濟的特點，方不失過於偏向柔勁。

六合蹲猴式樁法的練習，雖然倍嚐辛苦，但其對內三合與外三合的要求，確實可使身體及精神充分達到舒服的感受。其採用的呼吸法，有自然呼吸、腹式呼吸、毛孔呼吸、不呼不吸等方式，能養氣歸丹，又能將丹田蓄存的爆發力運用在技擊用法上，既可培元，又能防身自衛。

河北派三體式（宋宏德示範）

河北一派的樁法，是為三才樁（或稱三體式，又稱鷹捉樁）。三才樁的練法，主張在輕鬆、自然、和諧的鍛鍊中逐步求得。其對掌型要求三圓，即手心圓、手背圓、虎口圓，便於勁力的催動。

在聚力上講求三扣，即齒扣、腳扣及手扣，掌握三扣，可使下盤樁基之力，直貫梢端，發揮整勁，增大起

鑽拔根力道。再加以所謂的三頂，即指頭上頂、舌頂上齶和手頂，使三關暢通，調配內動之氣，一則以歸根養命，一則以貫通末梢神經，若更加以樞紐點腰力之配合，靜可養生，動可產生極大的爆發力。

在理論方面，經云：「魔捉四平」，也是三體式所要求的四平，即兩肩要平、前手前臂要平、頭頂要平，最重要的是兩足抓地要平。鷹捉式的練法，為此派形意拳功法中的一大重點所在，要求甚嚴，若能細心體會，對功力的進步極有助益。

三體式，要求單重前三後七，將身體的重心放在後腳跟裏邊，除保持身體的整體平衡外，亦要使前腳靈活易變化，虛中有實，讓後腿支撐力大，又得蓄力待發。

在外型上，仍是以雞腿、龍身、熊膀及虎豹頭的要領，約束練功者，目的是使周身之氣通暢無阻，既養氣又練全身功法。

三體式，雖為靜態，正是象形取意，在靜而寓動中，為培養武技築基。經云：「靜中之動謂之真動，動中之

河北派三體式（宋光華示範）

187

靜謂之真靜。」在此追求的便是「內意之動」，亦即對意的訓練，兼而對氣和神的內養，產生培育的功效。

「夾」是形意拳的主要步型，如果想要練到夾剪的功力，在椿法上就必須要求擰腰、順胯，使兩胯前後在一條線上，並使後膝裏扣，膝尖朝前，才能達到完整的「夾剪勁」。此勁力對形意椿法及下肢技藝練法，有決定性的作用，其熟練後的優點是較馬步、弓步行動順遂，勁速而有力，由腳掌爆發的勁力很強。

河北一派中，在練三才椿時，有習練者將前腳提起，使腳底平離地面約一寸左右，可練出腿力亦可鍛鍊功力。在意、氣、力的配合上，除講究六合，即內三合、外三合外，尤其重視動、靜間的相合，須得練到上下合為一力，六合一氣周身一體，須使意氣歸根，進而使內勁能萌萌而生，此項功法主以意念帶動。故形意拳於神意的配合，是很重要的一環。

河南派的椿法名為培元椿，俗稱「龍吊膀」，主要以雞腿、龍腰、熊膀來操練人體上、中、下三節的功力，使氣沉丹田，真氣鼓盪。聞練者日積月累練習，三百天可使氣滿小腹，即下丹田。六百天可氣貫膻中，即中丹田。而九百天可氣沖頂門，即上丹田。《譜論》中云：「精養靈根氣養神，元陽不走得其真，丹田養成千日寶，萬兩黃金不與人。」

培元椿的定式靜功椿法，是以後腳單獨支撐身體全部重量，並掌握重心，主練下盤功底基礎。因此後腳要注意鬆胯、屈膝、壓踝，其膝尖要求離地面愈近愈好，但不可

拔根。後足尖正對前方，外擺擺度最大為三十度，以正直
為佳。身體隨屈膝下坐，垂直於地面，後腳自然成為立體
三角之式。前腳虛靈，大腿虛壓在後大腿之上側，膝彎
蓋住後膝尖，兩大腿之邊長與兩股的連線，成為平面三角
式。前腳脛垂直於地面，腳板平直放於地面。前足踵與後
足尖相距兩拳之隔。鬆胯自然夾股提肛，使氣聚丹田，穩
固下盤基礎。

　　中盤功夫靠龍腰的要領，要求身軀中平正直，除了要
求三尖相照外，要以頭和臀部為軸承，身軀為轉軸，再擰
轉腰部為原動力，強化周身的韌帶靈活度，勿前俯後仰，
左歪右斜，否則達不到預期效益。

　　熊膀，是鍛鍊上盤功夫的必要條件，即垂肩、墜肘，
兩肩相垂與兩股相夾，上下相應，使真氣固存丹田，元陽
不散，氣足自然可凝聚爆發力。其前膀不離肘，肘尖朝
外，肘心向內，五指張開似鷹爪狀，手心向內放在後腳胯
部，成擰裹之式。後手與前手陰陽相調，前呼後應，掌下
撐掌背緊貼尾胝部位，中指背面放於後股溝之間，亦成擰
裹之式。

　　透過這些養元調氣功法來鍛鍊者，掌握其規範，必可
練就一身形意拳好功法。

　　站樁為鍛鍊功法的不二法門，雖三派樁法架式各有所
長，但若能細心地追究，成效皆同，一則以強健身心，一
則可助長功力，實有異曲同功之妙。確實地練好形意拳的
基本雞步與其樁法，比之學會初淺的形意套路，收益不止
百倍。因這些練功樁法，實是先輩們累積長年經驗，匯集

而成的心血，絕不容妄薄輕忽。

　　心意六合拳的實戰基礎，亦建立在這些功法要領上，習者不應捨本逐末，只學花俏的套路而忽略了功法的重要。

河南派樁法

龍吊膀一　　　　　　　　　　龍吊膀二

山西太谷訪形意拳記要

形意拳在山西，以太谷縣及祁縣兩地為宗，而太谷的形意拳，經由李洛能先生的廣傳，以其兩位弟子車毅齋與宋世榮為代表人物，形成兩大支脈承傳至今。故走訪太谷，應先尋到這兩脈主流的傳人。

1993年，余往山西太谷，拜訪習練車氏形意拳的李學榮先生，及形意拳名師布學寬之幼子布秉全先生，並得布先生贈予許多早期形意拳名師的珍貴資料。

車永宏

車永宏，字毅齋，生於 1833 年，卒於 1914 年，行二，人稱車二師父，山西省太谷縣桃園堡村人。後隨其父車蠻移居太谷賈家堡村。年少時，曾在富戶「吉安堂」武福蠻（柏年）家當馬夫，平日，除務農外，亦愛好武術。車氏生得虎背熊腰，氣力過人。

清咸豐六年，形意拳宗師李洛能，在太谷士紳孟緯如家中，保鏢護院時，車氏聞李師精形意拳術，經人引薦，拜在李師門下，每日晨昏苦練，深得形意拳之奧義，功深力厚。與人交手，無不獲勝，但因為人謙恭，崇尚武德，又常慷慨仗義，恤貧濟孤，頗受人尊重，後以保鏢護院為生，傳授形意拳為業，授徒眾多。

車氏對形意拳之體會頗深，其結合實務經驗及套路拳

理，針對形意拳作了重大的改革。在套路上，衝破「五行生剋」理念，強調裹勁、橫勁的勁力特點。講究練氣和養氣並行，直勁與橫勁並練，攻擊和防守並用，剛與柔並重，體現形意拳動靜相間、力順勁整的特性，形成「拳勢緊湊」的獨特風格。

在技擊上，則以「快打猛攻，亂而取之」和「引進落空，誘而取之」為其技擊原則，曾創編形意對練「九連環」等套路練法。

車氏精於「形意十四處打法」，尤擅顧中取勝技法，其「游鼉化險」、「拘馬拼」等手法，時堪稱一絕。後亦以抖絕勁、橫豎勁和化勁，後發制人，而名噪於武壇，形意拳在車氏的精心研發及大膽改革下，充分豐富了形意拳的精要內容。

車氏在山西太原、晉中太谷一帶的軼事，廣為流傳者有二：

一是形意拳宗師李洛能的高足，有「半步崩拳打天下」之稱的郭雲深，親來太谷與車氏切磋拳藝之事。

清末時，郭雲深遊大江南北數省比武獲勝，返鄉拜見李師時，頗為自己

太谷士紳孟綽如故居李洛能在
此保鏢護院始傳心意拳

的功力自豪，李師卻言道：「你之拳藝還不及山西太谷的車二師兄。」

郭一時不服，於是曉行夜宿，一路趕到山西太谷，拜訪師兄車永宏，兩人雖一見如故，但郭仍堅持要與師兄較藝。後郭以崩拳直上，車氏應戰，守而不攻，郭緊逼車氏至牆角處，使崩拳勁發，牆土震落，但已不見車氏蹤影，隨即車氏已在其背後，輕拍其肩曰：「師兄在這兒呢！」。郭驚而嘆服曰：「還是車二哥的功夫好！」

郭雲深在車氏處切磋技藝數月後，在郭欲返回河北深州，而由賈家堡出發時，途遇因豪雨水漲約丈餘寬的小河，難以渡過，便返回車氏家中說明情況。

車氏言道：「我送你過去。」於是車、郭兩人來到河邊，車氏對郭雲深說：「請用崩拳打來。」郭方才出手，車氏便束膀一調，一招蛇形式便將郭雲深送往河對岸，郭雲深乃拜謝後辭去。

其二是車氏打敗日本武士的事蹟。

車氏晚年，正值列強侵略中國，內憂外患之秋，當時武術人士紛紛倡武興國，此亦激發車氏愛國思潮。

山西車派形意拳車永宏先生

　　1888年，車氏遊天津時，日本駐天津軍教官坂山太郎聞車氏聲名，欲與之較技，車氏應之，日人持刺槍奮進，車氏則手持白臘桿以應，一招翻手擰桿正擊中日人胸膛，坂山太郎驚呼後跌出丈餘。然心有不服又要求較劍術，車氏吞吐趨避，一劍便又刺中日人臂膀，使得坂山太郎只有招架而無還手餘地，日人當即認輸，隨即要求拜車氏為師，並欲請車氏到日本授拳，車氏毅然拒絕，表現了崇高地愛國情操。

　　在車氏逝世後，其英勇事蹟，曾載入《太谷縣志‧方技傳》內，弟子王鳳翽等人為之樹碑紀念，此事蹟在碑文中亦有記載。現將《方技傳》及碑文摘錄於後：

　　方技傳：

　　「車永宏字毅齋精拳術幼嘗從李老農習藝老農直隸人時寓邑紳孟綍如家蓋祁氏弟子也按拳術有少林內外家吾縣智氏一門則少林內家智勇智耳名特著又有李發黝胡禪武鴻圖三人均習藝於交城王長樂亦馳名甚若君之術則外家也名心意拳以防禦為能嘗遇倭人較劍術倭敗願師之君婉謝焉蓋不欲中國絕技傳外人也性慷慨於友人子弟尤恤之不吝卒後門弟子立碑紀念焉」

　　車永宏先生碑文：

　　「正面－碑頭：是謂不朽（篆書）

　　　　　碑文：清華翎五品軍功車君毅齋紀念之碑
　　　　　（篆書）

　　背面－碑頭：車君毅齋紀念碑記（篆書）

碑文：

「拳術中國絕技也有少林內外家之別吾郡則自咸同間
此術獨盛一曰王長樂弟子一曰戴文雄弟子長樂交人戴氏小
字二閭則祁縣人也戴氏祖傳心意拳少林外家支派外傳李老
農老農為吾世丈孟綽如先生座上客再傳車毅齋時予家客有
燕人馮四者亦精拳術且能隻馬入亂賊中奪婦歸若論拳術自
愧不如老農甚而毅齋得老農之術特精嘗遊津遇日人知毅齋
名較劍術日人奮然臨毅齋慢然應倭敗色沮願師之毅齋婉謝
焉人問其故毅齋曰豈可使吾國絕技而傳之外人耶毅齋平日
於治田外別無事事遇人恂恂不自足而獨於恤貧濟孤事不少
吝予家舊有商業在斜陽寺前燕人宋氏父子實經營之宋氏亦
心意拳術中人也述毅齋事絕詳毅齋死予已纂入縣志方技傳
內而毅齋門弟子王鳳翽等立碑紀念問序於予不獲辭固略述

車永宏先生墓碑

碑文

其事如右毅齋名永宏行二世居桃園堡今為賈家堡人

　　　　　　　　　　榆次常贊春篆
　　　　　　　　　　同邑孫丕基撰
　　　　　　　　　　同邑武中洲書」

弟子—李發春　　白光普　　王鳳翽　　李復貞　　孟興德
　　　孟天錫　　布學寬　　劉　儉　　王之貴　　郭　琨
　　　武　傑　　王丕春　　賈　楨　　王培本　　趙　鈺
徒孫—白照亮　　武承烈　　米增祥　　程裕有　　閻延勝
　　　段振奎　　張近賢　　姚肇基　　李國輔　　李際虞
　　　車耀義　　劉永發　　石全山　　張尚賢　　邱鳳岐
　　　邱鳳鳴　　孟立鋼　　原世珠　　白克勝　　王立英
　　　張孝森　　張萬春　　吳寶玉　　車丕清　　劉守先
　　　楊永蔚　　曹克孝　　武得勝　　孔祥麟　　武仕傑
　　　杜玉山　　張懷鋼　　武立銳　　韓　晉　　王錫銘
　　　郝思聖　　杜連登　　盧　崑　　張永義　　張覺先
　　　武炳毅　　呂家麟　　劉家瑞　　楊萬春　　薛兆宏
　　　吳厚澤　　史鐘美　　武　溏　　趙培章　　史萬選
　　　高慶瑛　　李春發　　段振化　　吳治泰　　胡萬瑛
　　　薛兆寬

　　　　　　俊
　　男　兆　烈
　　　　　　傑
　孫男　福臨
中華民國十四年乙丑七月　勒石
　王鳳翽捐資百元・壽陽馬志鵠刊字

車氏傳徒眾多，但一生中僅收入門弟子十餘人，成名弟子有李復貞（長有）、王鳳翙、呂學隆、李發春、樊永慶、布學寬、劉儉等，而其中，尤以李復貞和布學寬影響較大。

李復貞，人稱「長有師傅」，精刁打善腿攻，神速妙用，遠近名家來太谷者無不欽服，武術名家武承烈及喬錦堂，均為李復貞的弟子。

山西車派李復貞先生

祁縣喬家堡，即為喬錦堂之宅第，喬家為祁縣富戶，其父經營錢莊、布莊、當鋪等生意，其宅院現已歸劃為民俗文物館。

布學寬

布學寬為車毅齋弟子中，授徒較廣的一位。布學寬，字子容，生於1876年，逝於1971年，山西省祁縣鞏家堡人，1894年，遷居太谷。布氏少喜拳藝，後得形意拳大師車毅齋真傳，並時與師兄李復

山西車派布學寬先生

貞切磋武學，對拳藝有獨到的心得體驗。

布氏以形意拳為本，又集眾家之長，融合了內家拳的八卦掌、太極拳及鴛鴦腳等拳藝，理術兼備自成一格。其對武藝的練法講究，內外兼修，重陰陽六合與剛柔相濟，要求順和自然，圓通活潑，以身靈勁整的柔化勁見長，形成車派布式形意拳特殊風格。

布氏不僅功力深厚，擅技擊，且熟練十六種器械，練武總以求實為旨，人皆敬服。在內功方面，熟練導引養生功法，於練氣養神功法上，常行功弗輟，故年逾九旬，身體猶健。曾創編健身法「洗髓經」、形意對練「連環手」、技擊腿法「鴛鴦腳應用法」、技擊散手「獅吞手變化法」及器械等套路。

布氏的健身法「洗髓經」，是根據傳說中的「洗髓經」術語，結合其所練的內家拳心得創編而來，全套十八式，以身體主要部位，腰與椎脊柱的活動為主，藉著帶動腰及椎脊柱的顫動、擰轉、彎曲及伸展而達到強身健體的效益。能修先天之本，變化體質，使任督兩脈流通，強身固精，沛精旺氣，而達到延年益壽的目的。

其健身原理，內含中醫理論，易學易練，不受場地限制，老少皆宜，目前此功法已由其子布華軒及布秉全整理成冊，於1984年3月由山西人民出版社出版。

布氏所擅長的鴛鴦腳，以變化豐富的腿攻見長，屬戳腳門，因鴛鴦腳的動作，前出之掌似鴛鴦頭上的羽冠，而後起之腳像鴛鴦上翹之尾巴，加之腿腳出擊連環緊扣，高低回環上下合一，左右換勢成雙配偶，故稱其為鴛鴦腳。

　　聞此拳源於宋代，盛於清末，昌盛於河北蠡縣一帶。鴛鴦腳會傳入山西太谷，據傳為清末民初時，河北鏢師魏昌義於山西太谷謀生時，以武會友，後經由人稱鏢師東道主的翻子門傅老連引介，拜訪太谷形意拳師李復貞，兩人互敬武學，李師待魏為上客，後知魏師為河北蠡縣齊莊人，鴛鴦腳乃其家傳正宗，於是兩人互通武藝，李師傳魏師形意拳之雜式捶，魏師傳李師戳腳門中之鴛鴦腳，彼此受益匪淺。

　　鴛鴦腳鍛鍊法，補足形意拳腿法之不足，加強實戰技藝，後李復貞尤以「連三腳」之名著稱。布學寬亦從魏昌義處習得鴛鴦腳，又與師兄李復貞時相研習，後亦成布氏拿手技藝，而名躁一時。布氏弟子呂家麟（李三元的師父），亦以善腿擊而馳名。

　　後布氏依鴛鴦腳技擊章法，再以形意拳為本，創編了「鴛鴦腳應用法」，共分八趟六十五式，形成獨特的拳式風格，其子布秉全已將「鴛鴦腳應用法」整理成冊，名為《布式鴛鴦腳》。

　　布學寬先生自1913年始收徒，破守秘之風，桃李盈門，在世時，弟子「五世同堂」，不乏具有聲名之士。

　　1918年，曾受聘任太谷縣體育會主任，兼授太谷縣城關九所學校國術課。1932年，轉任太谷縣銘賢學校武術教師，該校原為美國歐伯林大學支校，現為山西農業大學，佔地原為孔祥熙先生之部分宅院。亦曾任國術館館長、歷屆武術運動會副總裁判、總裁判等職。1960年，太谷縣成立武術協會，被選為武協主席，後又任全國武術協會委

員。

布氏一生治學嚴謹，但平易近人，風神瀟灑，寬容待人，為形意拳壇一代名師，仙逝時，年高九十六歲。布氏弟子中，目前在太谷傳人較廣者，有張永義、安玉山等人，其餘尚有孫德宜、李三元等人，早年在台灣，目前已移居巴西發揚形意拳的武朝相，亦是布學寬的學生。

布氏有子三人，長子布秉貴，現任伊盟武協委員，次子布華軒，現居山西太原，為山西省武協副主席，幼子布秉全，為山西省晉中武協副主席及科普委副主任，皆為形意武學盡心盡力，目前布秉全先生，正為其父整理形意拳的相關資料。

張永義

張永義，字德權，乳名老八，山西省太谷縣井神村人，生於1895年6月28日，卒於1981年陰曆正月17日，享年八十七歲，曾任太谷縣武術協會主席，功深藝精，名聲頗著。張氏自幼體健力大過人，因見郭玉山家練武場面，立下練武之志。

1912年張氏謀事於城內大巷「同興義」糧麵店，次年轉至太谷新村當長工，得遇劉姓拳師，始習基本功及簡單套路，後慕形意拳名師布學寬之名，經李復貞弟子邱鳳民與布學寬弟子楊萬春引介，於1920年在太谷水秀村「德生源」雜貨店，舉行拜師儀式。

張氏模仿力與領悟力頗快，加以虛心求教，勤學苦練，於太谷武林中名冠一時，深為師兄弟及拳友敬重。

1929年，山西省城辦國術賽，張氏隨師布學寬及師伯宋鐵麟赴賽，因表演「形意雜式捶」功力深厚，獲同道好評。張氏善於技擊，漸得聲名，為布師得意之「大弟子」。

張氏承布氏之風，善徒手單練、對練及器械，尤精五行、六象、雜式捶、六合刀、龍形劍及翼德槍等，嫻熟形意拳對練套路，常與其弟子梁煥章登場表演，傳為一絕。

技擊上，得布氏「獅吞手」絕技，手法多變，爆發力強，尤以「虎形」見長，其中「連虎形」與「偏虎形」運用更為巧妙。1950年初，應北京武術拳友之邀，曾隨其師往北京切磋武藝，即以「虎形」見功，而名噪京城。

張氏一生以演武為樂，培養人才頗多，主要傳人有：梁煥章（銀全）、楊二狗、杜世秀、張三兒、王聰義、崔克恭、張守仁、任子華等人。再傳弟子，亦多為張氏所親授，如程登華、孫丕華、孟憲基、吳廣仁、薛貴成、申廣棟、李太亮、袁長讓、莊圓秀等，孟憲基現為山西太谷縣體委。

1957年，全省武術摔跤運動會在太谷舉行，張永義、梁煥章、程登華，爺孫父三輩與賽，均獲好評。張氏曾任保鏢、護院與教習，1933年，曾隨布師在太谷銘賢學校執教一年，「七七」事變後，張氏在太谷縣仁術醫院學校擔任護院，後被太原中央人民銀行聘為保鏢，年近花甲方離職返家。

張氏性格剛直不阿，授徒常言傳身教，誨人不倦。八十六高齡時，因不慎摔傷髖骨，於次年仙逝，殯葬時，百餘弟子門人參與送殯。

安玉山

安玉山，原名忠義，以字行。十歲便跟隨布學寬先生習形意拳，精於內功擅實戰用法。早年赴北京在師兄武承烈於北京前門外糧食店街十四號（甘井兒胡同）開設的永泉糧食店內幫忙，武承烈設有「大興縣國術館」授藝。

筆者曾親訪安玉山先生，其曾親示武氏晚年所贈予之手抄心意拳譜，內容為早期的拳譜口訣，屬個人的心得抄本，並非拳譜原文。

孫德宜

孫德宜，生於1904年，歿於1973年，小名四兒，世居山西太谷北沙河村，因經營豆腐，故人稱豆腐干四兒。孫氏一生愛拳如命，內功精深，尤擅技擊，亦是山西省武術界著名的形意拳技擊名手。

孫氏幼即喪母失父，隨繼母生活，十二歲在村中豆腐干舖，和鄰村貫家堡打短工雜活。因進城經營豆腐買賣，常見人練武，而喜好拳術，弱冠後，經人引介拜在布學寬門下，刻苦求藝。

孫氏體形彪悍，臂長力強，然目不識丁，拳路難教，但一旦學會，便堅習不輟，厚實功力。布師依其特點點撥，而漸活躍於太谷縣國術界，深得布師器重，被列為布師門下的「八大排頭」之一。

孫氏勤於苦學，常與師兄弟「撕扒」散打而不倦，喜練五十斤重石鎖，增長臂力。後隨布師鍛鍊靜坐內功，守

神養性。

孫氏拳架開展，身正步穩，柔中帶剛，尤精五行拳中之劈拳，手法變化深得布師「獅吞手」之精髓。

孫氏對形意套路，如五行、十二形、四把、進退連環、雜式捶、六合刀、六合棍、六合槍等，均功夫獨到，尤以大杆子勁和杆子技法，承布師之絕技。

孫氏為人耿直，寬厚樸實，豪俠尚義，專愛打抱不平，武術事蹟甚多。孫氏曾在北京與人稱「鐵胳膊劉」的太極拳名師較技，以劈拳連連逼退對方，後劉師傅常對人曰：「孫先生捋力真大，的確不是一般功夫。」山西鄰近各縣不少著名拳師，皆曾與孫氏切磋武藝，無不嘆服孫之技藝高超。

孫氏乃形意拳「邦」字輩中的佼佼者。六〇年代孫氏在北沙河、武家堡、北六門、咸陽、東山底等村授藝，使北沙河武風昌盛。

李三元

李三元，1914年10月出生，歿於1977年，又名福利，字永山，山西省太谷縣白城村人，其父李勝務農兼保鏢護院，兄長福元、悅元皆習武，惟三元從小未練武。但因太谷習武之風盛行，弱冠後乃經由孫德宜、車采藻兩人介紹，拜在布學寬弟子呂家麟門下，學習形意拳，為車派第四代弟子。由於體格壯實，虛心勤練，又得布學寬、孟立剛老師傅指導，並時與兄長切磋，功力漸進而逐漸有名於鄉里。

李三元，專攻形意拳術，兼修長拳及太極拳，因與賽獲獎無數，被選為省武術集訓隊員兼教練，1959年在體委任教練，次年參加全國和全省形意拳編寫小組，整理形意拳資料。其形意拳拳架，舒展圓活，勁力精巧，享譽全國。曾與其兄福元，組織白城村武術隊，利用農閒，培養後學普及武術，使白城村成為太谷縣的「武術之鄉」。

其弟子賈惠卿曾獲全國武術比賽女子全能冠軍，喬雲連在全省武術比賽中蟬聯五屆拳劍冠軍。李三元，功力深厚，對槍、刀、劍、棍等器械亦很嫻熟，不分門派，常虛心求教，博採眾家之長，曾把形意五行十二形合編成套路，名曰「形意十七手」，遺著《綜合形意拳》已由弟子李清元、張育仁等整理成書。

李三元性格直爽，待人誠懇，生前與太極拳名手申子榮等交善，在山西武術界享有威望。1977年4月30日，因患食道癌辭世，享年六十三歲。

李巧玲

李巧玲為布學寬先生的第四代傳人，八歲時隨其父李學榮先生習形意拳，亦曾受到張永義、安玉山及張世祥等形意拳師的指點培育，曾被選入山西省武術隊，獲全省、全國比賽多項獎項，而被評為優秀團員及優秀運動員，並曾兩次隨中國武術團出訪羅馬尼亞、馬耳他、加納馬里、赤道幾內亞、尼日利亞、喀麥隆等國。

其父李學榮先生，祁縣人，十七歲遷居太谷，隨安玉山習練形意拳，以修鐘錶為業，亦收徒傳授形意拳藝。

宋世榮

太谷另一形意拳傳承，為宋世榮一脈。宋世榮、宋世德兄弟同習形意拳於李洛能，世榮傳子宋虎臣，並指導其侄宋鐵麟，弟子有賈蘊高（字慕騫）、任爾琪、高世榮等人。其中尤以其侄宋鐵麟授徒較廣。

宋鐵麟

宋鐵麟，名國祥，以字行，世人尊稱「老鐵」，生於1885年，祖籍河北大興縣。五歲起隨父練武，崩拳發力，虎虎生風，六歲時曾得師爺李洛能指點樁功及崩拳，七歲隨父定居太谷，除形意外加練長拳和輕功，四肢、腰背極柔，十餘歲因父挾技遊天下，遂隨伯父宋世榮，精研技藝，十五歲即能通曉形意諸法，尤精散打。

宋鐵麟曾與河北形意拳大師「單刀」李存義，有過往來，1900年，八國聯軍入侵，李隨義和團抗擊肅殺洋人。京津陷，李走避山西，特至太谷宋家「永善興鐘錶局」拜會師叔宋世榮，李存義常與年約十五歲的宋鐵麟切磋五行、十二形拳，對練「安身炮」和宋門「十六把」等技藝，尤喜對練散打，李常讚賞鐵麟之神速身法。

此間，李亦受宋世榮授予內功經秘技，對李日後的內勁精進，助益尤大。1929年夏，山西太原辦全省武術大賽，時年四十五歲，有「宋老鐵能提氣騰空，會墙上掛畫」美譽的宋鐵麟，首次與會。

當時在形意拳方面，董秀升、穆修易、吳立孝等名

布學寬（中右三）宋鐵麟（中左三）

家，所表演的拳功已然讚聲四起，布學寬大師之形意虎撲、蛇形，更是掌聲雷動，而宋鐵麟先生所演示的形意拳猴形絕技，則：

「二目炯炯變勢靈　擺如旋轉戲虎豹

退避三舍游蛟龍　手足驟變風雷起

叼蹬閃電蕙物驚　恰似猴聖降妖術」

群眾神乎其技，一舉驚人。鐵麟先生故世後，其子宋光華承其父志，在山西太谷傳藝。

董秀升、穆修易

董秀升與穆修易為太原形意拳的主要傳人，董係太谷董村人，早年隨父遊京津時，曾師事河北形意大師劉奇蘭高足耿繼善和李存義。董回山西後，拜宋世榮之子宋虎臣為師，專習宋門內勁。虎臣先生每往太原，董必親往受藝。

穆修易乃劉奇蘭第二代弟子，因慕宋門內勁，亦與鐵麟先生交往甚融。

董秀升曾於民國23年，整理編纂「岳氏意拳五行十二形精義」，對後學貢獻頗著。安玉山弟子李學榮先生有此拳譜上下冊，余觀其內容極為精要，乃留複印本珍藏。

古云：習道須當訪道，習武者理應走訪名師名派，以增長見聞。武藝之事常是耳聞不如親見，親見不如演練。受訪者常會事先詢問來訪者之師承，並探尋其功夫技藝，是以常需實際演練拳藝，以示誠意，每於相互應證後，於

無形中亦交換了許多拳理心得，甚或實戰技巧，較藝不同支脈間的長處，常受益匪淺。

是以筆者能深體前輩們，每於藝成後，雲遊各地，尋訪名家，廣結同好，增廣見聞的心路歷程。習武者，若欲增長自身武學，理應實際參與交流，互通有無，以取長補短。

山西太谷車派形意拳

　　李老農，名飛羽，字能然，亦被稱為老能、洛能等，河北省深縣寶王莊人，在車毅齋的碑文上，以老農稱呼。老農先生自幼習練花拳，後以形意拳藝名躁一時，其形意拳藝，乃源自山西祁縣的戴氏心意拳，但由於老能先生練就戴氏心意拳藝的說法不一，大致可歸納成三種說法：

　　一、部分論及形意拳的文章，提出李老能的形意拳乃直接學自戴龍邦先生。此說在年歲上經查對，實有不符之處，戴龍邦約生於1713年，卒於1802年，而李老能則生於1808年，逝於1890年，當戴龍邦過世時，李老能尚未出生，故此說應是指李老能學的是戴氏一脈的心意拳藝，但其並非直接受業於戴龍邦先生。

　　二、原戴氏心意拳是不傳外姓的，戴龍邦除傳給文量（亮）、文勳（雄），或稱「大閭」、「二閭」外，亦曾傳其妻侄郭維漢。

　　聞郭維漢曾避著戴氏，收了兩位外姓弟子，一為賈大俊，一為李老能，因忌於戴氏嚴守不傳外姓的家規，乃將「心」字改為「形」，成為日後的形意拳藝，並經由李老能由山西太谷開始廣為承傳。此說指出老能先生的形意拳藝，是經由戴龍邦之妻侄郭維漢傳授而得，山西祁縣的心意拳傳人，皆有此傳說。

　　三、李老能少即嗜武，曾習花拳，因慕山西祁縣戴氏

心意拳之名，藉種菜為名赴祁縣小韓村，並託人說項，拜於戴文雄門下，習得拳藝，時約1845年，戴文雄年屆六十七歲（生於1778年，歿於1873年），而李老能年方三十七歲左右。或說戴文雄是戴麟邦之子，自幼隨伯父戴龍邦學拳，但在黃新銘及孫亞民先生的資料查驗中，言戴文雄乃是戴龍邦次子，稱文勳或二閭者。村人曾因二閭的膂力過人，有以「二驢」稱呼者。

此說中，老能先生的形意拳藝，乃得自於戴文雄之傳授。但曾聞戴氏拳藝始傳外姓，是由戴文雄之侄孫戴奎（魁）開始破例授藝，故由戴文雄傳藝李老能的說法，仍令人置疑。然於李老能之車毅齋的碑文中，曾提及李老農的形意拳藝，是習自於戴文雄的戴氏心意拳，山西太谷習練形意拳者，較遵從此說。

暫不論李老能先生心意拳之習練過程，其對形意拳的技藝心得體會，對其門下弟子，有極為深遠的影響。在其得意門生中以劉奇蘭、郭雲深、車毅齋、宋世榮四人對形意拳的廣泛流傳，最有貢獻。

劉奇蘭與郭雲深是河北派形意拳發展的主流，而車毅齋及宋世榮則是繼李老能後，對山西太谷形意拳的盛傳最有功勞的兩人。

由於地緣關係，與授藝師父的心得體會不同，河北、山西兩地所發展的形意拳藝，亦形成兩派不同風格的形意拳藝。是以在山西太谷所承傳下來的形意拳，因車、宋兩人均精於內功，拳法勁力精巧，拳路形象緊湊，故形成山

西太谷形意拳的一大特色。

形意拳名師車毅齋與宋世榮，於山西太谷的傳人甚多，續傳的第三、四代門人，已成為武學中堅。如車氏第三代傳人，布學寬之弟子安玉山，及布氏幼子布秉全等。

安玉山先生，是車氏傳人布學寬先生時弟子中，在太谷授拳較廣的一位，其對形意五行拳及十二形拳的體認頗深。安先生曾親自示範，說明形意拳的練拳要領，如七星步、三體式及橫拳裹勁的實用技巧，且極強調內功的重要性。

布秉全先生，生於1945年，自幼隨父習練形意拳、八卦掌及太極拳。布秉全先生，致力於車氏一脈形意拳的資料整理，是車氏武學文化的承繼人物。

余曾與布秉全先生，相互演練拳技切磋研究。其所示範之車氏形意拳，架式較短促。但蓄勁力較大，步伐採跟步方式，使重心穩固，能攻後隨即能守，重意念的配合應用，以練就全身的爆發力，車氏一脈尤重勁力的鍛鍊。

從五行拳的動作中，配合體用，以練出整勁的基本功夫，此種築基鍛鍊，非可越級而得，須步步訓練成熟，漸次進步，使神、意、氣、力的凝聚運行，方能體現形意拳的奧義，所謂「入門引路須口授，工夫無息法自修」是練形意拳的寫照。

形意拳套路易學，勁力難練，要培養內功，需勤練樁功，以練就固元養氣的內勁功夫。

車氏形意拳，是以三體式，為其樁功的基本架式，除起式動作與河北派不同外，對三體式肢體上的動作要求，

大致上是相同的，動作上需符合雞腿、龍身、熊膀及虎抱頭的要領。

　　早期在祁縣除了五行拳外，另練十形拳，而太谷練的是十二形拳，五行拳為劈、鑽、崩、炮、橫，強調功法的鍛鍊。車氏的十二形拳，指龍、虎、猴、馬、鼉、雞、鷂、燕、蛇、鮐、鷹、熊十二形，乃截取動物形體動作特點，如龍有搜骨之法，虎有撲食之勇，猴有縱跳之能，馬有疾蹄之功，鼉有浮水之精，雞有爭鬥之性，鷂有鑽翻之敏，燕有抄水之巧，蛇有撥草之靈，鮐有豎尾之勢，鷹有抓拿之技，熊有豎項之力等，以鍛鍊身法，靈活招式變化。另有套路進退連環，或稱五行連環，四把及雜式捶等。

車派十二形拳（安玉山先生示範）

虎形

龍形

馬形

猴形

雞形

鼉形

燕形（武登前先生）

鷂形

鮐形

蛇形

熊形

鷹形

車派五行拳（布秉全先生示範）

劈拳

崩拳

橫拳

炮拳

鑽拳

車氏形意拳的勁力特性，以劈拳為例，強調守住三個要點，即要能練出提勁、追勁及按勁。

提勁主要是在帶動對方的重心，使對方重心浮起，提勁的方法，就在於以前腳攻進對方的身形之中，目的在掀起對方的重心。隨即再續上追勁，以防對手即時變換身法以穩住重心，同時亦可加速

對方連番向後倒退之勢，使對方手足無措後，再以按勁之力，貫入對方，促使對方向後翻滾倒地，形成對方無法反擊的優勢。

同時按勁的另一功用，亦可藉以穩固自身重心，以使攻守自如，故練五行拳時，同時要練出技擊時的用勁技巧，若不明此要領，則僅能練出死硬力道，即使力道再大，亦無法有發人於丈外之遙的功力。餘如崩拳、鑽拳、炮拳及橫拳等，亦各具要領訣竅，非初學者，可窺得其個中奧妙，勤練及細心體會是不可或缺的要件。

車永宏先生極注重內勁及功法，故其弟子或再傳弟子，亦多以勁力的鍛鍊為主，先體會剛勁，再續練由剛化柔的功夫，功力需勤練漸進，絕不可貪多或急功。若習者以為剛勁練成，即大功告成，仍是離道遠矣，此僅入門而已，非追求武學技藝的真諦。

太谷被譽為「形意拳之鄉」，除了李老能個人的貢獻外，整個太谷武學發展的歷史，是其重要的一環。

清末民初，在太谷的武術家常以保鏢護院為生，同時任教職並授以形意拳藝，當時相繼輩出的名家有：車毅齋、宋世榮、李廣亨、賀永恆、李復貞、布學寬、宋鐵麟、宋虎臣等人。

1928年，南京中央國術館成立，曾號召各地陸續成立國術館，太谷縣因形意拳風興盛，約於1934年底，由杜級三和其師布學寬發起，組織太谷武林同道，成立武術館事宜，是以太谷國術館，乃於1935年3月3日，藉太谷城內的借錢廟巷，正式成立。

山西車派安身炮對練

左：李學榮先生　　　右：安玉山先生

　　參與人員有：政府機關、學校負責人、各街街長等，盛況空前。館長由太谷縣縣長李騰蛟兼任，宋鐵麟、布學寬為副館長，並委任宋鐵麟負責。館內設外交聯絡部、教務部和總務部。外交聯絡部，由杜級三接任，宋鐵麟兼任教務部，總務則由吳華亭擔任並經營財經，車毅齋之子車兆烈任門衛聽差，館內活動包括長短兵器的習練。

　　所聘教練，均是名聞於太谷、鄰縣各地，且不計報酬。如李老能次孫李振興，授形意五行拳，宋鐵麟教形意十二形拳，布學寬授八卦掌和鴛鴦腳，朱福貴教形意套路、進退連環、四把、雜式捶等，劉儉，則教器械槍、刀。另聘太極拳名師王明懷來館授藝。次年推選布學寬任館長職，並連任至該館停辦為止。

　　活動內容，從徒手演練、分組對拳、器械，一直到散打撕扒，著重實戰打法，但皆點到為止。撕扒每星期有一人作樁，接受車輪戰攻練，不論輸贏，一陪到底，可見撕扒風氣頗盛。

　　在打法上，原採用形意拳硬打硬進方式，後融入布學寬提倡的柔化打法，以利同門間拳藝技法的進階。由於習武氣氛濃郁，任一拳師皆可糾正不同技藝習練者，形成師護徒，徒亦敬師長的環境。

　　國術館成立的同時，太谷縣陸續於學校，開設國術課程，推展國術，以布學寬老師為主，其弟子協助授拳，計有八所學校，太谷文昌小學、太谷第一高中、太谷乙種商業學校、安禪市小學、模範小學、借錢廟小學、純陽宮小學、三合社小學等。

　　成長期的學子，以教練舒展筋骨的武術為主，故以十路彈腿、長拳六腿架子等基本功等來訓練，再漸轉入形意拳的站椿三體式和五行拳法等，套路上則多以形意拳十二形拳、四把、進退連環及雜式捶等為演練基礎。鴛鴦腳、八卦掌、太極拳、各種器械及對練等，技擊散打武術，在學校中較不普及。學校間則以舉辦武術觀摩表演，促進相互間的拳技交流。

　　1932年，太谷縣東門外的美籍學校——銘賢學校，亦曾聘請布學寬先生前往擔任國術教員，以慕習中國武學。國術館活動，與學校活動，直到日寇入侵，太谷淪陷，乃自行停頓。太谷國術館自1935年3月成立至1937年11月停頓，期間內，促成太谷武術界，摒除派系之見，共同磋商拳技，相互取長補短，提高形意拳技藝水準，對於形意拳演展史，實功不可沒。

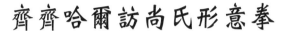

齊齊哈爾訪尚氏形意拳

1993年4月，余由北京康戈武先生處，取得李文彬先生於齊齊哈爾的地址，雖無電話可事先連絡甚感唐突，但仍專程拜訪。

由北京往齊齊哈爾，搭火車經由山海關，先到哈爾濱約一千二百公里左右，再轉車到齊齊哈爾。黑龍江省的齊齊哈爾，離省會哈爾濱將近三百公里，到時已傍晚時分。余先至飯店安頓行李後，便直趨李文彬先生位於國營和平印刷廠內的住所。

李先生見有客來訪甚喜，聞知余來自台灣，師承河北系形意拳後興致高昂，相談甚歡，言談中，時感其豪爽性格，大有俠隱風範。其曾提及台灣有位周劍南先生，曾以信函查詢有關資料，但因互不相識而未回信，經余簡介後，其囑余順帶口信回台。

余每請益形意拳功法時，李老先生總要余當場演練，其再從中指導，將理論與實用技巧配合運用，並親自示範拳藝動作解說。

李文彬先生，1918年生於東北瀋陽。幼即嗜武，曾跟隨啟蒙老師徐德福先生，正式習練長拳、器械、硬功及輕功等。1933年，投身於形意拳名師尚雲祥先生門下，專研形意拳藝，為尚氏晚年所收的關門弟子，李因得尚師晚年心得指導，對形意拳整勁、發勁的技巧，體驗極深。

　　1990年12月，李文彬先生與尚氏幼女尚芝蓉女士共同出版「尚氏形意拳械抉微」專輯，發表尚氏形意拳技藝與理論，貢獻良多，其亦工於書、畫技藝，且倍受日本書、畫界推崇，曾慨贈余一題為「劍氣凌雲」剛勁有力的隸書字。

　　李老先生七十壽誕時，曾獲齊齊哈爾市武協同仁，贈予「文精武絕德高望重」匾額。其子李竑，幼承庭訓，隨父習練形意拳藝，及各種器械，根基很紮實。為人溫文儒雅，生於1952年，現任齊齊哈爾武協委員、武術教練。

　　李氏父子，在大陸所出刊的各項雜誌，如《中華武術》、《武魂》、《武當》、《精武》及日本所出版的武術雜誌等，都曾發表過有關尚氏形意拳理論、拳法及器械等相關文章。

訪尚氏形意拳李文彬先生

尚雲祥先生，字霽亭，山東樂陵人，生於1864年，歿於1937年。幼時即好武術技擊，從馬大義習拳技，後拜「單刀李」李存義為師，專研形意拳藝。技成後，曾任偵探及護院職，時已具備人稱「鐵足佛」的腳下功夫，後復得「半步崩拳打天下」郭雲深先生的賞識，親自指導形意拳要訣，故尚氏深得郭雲深「半步崩拳」、「丹田氣打」及「大桿子」等，生平三大絕藝的菁華。

　　李文彬先生得尚師真傳及個人之心得體悟，繼以形意拳內功法，不斷地自我鍛鍊，故其對於形意拳勁力及內在

「鐵足佛」尚雲祥先生

的修為，體會極深。其教學時，尤重樁功的訓練，除外形要練得堅實外，更要求練出內意純中，以靜中求動的境界，不務招法極重內勁的鍛鍊。

於勁力功法，則強調拳法與意念的內外相合，完整一氣，鍛鍊以丹田發勁，先求練出迅猛剛實的爆發勁，亦即「緩動遂發」的「翻浪勁」，其次再就柔以寓剛，練出「意動勁發」的「抖擻勁」及「炸勁」，再追求將拳藝化於無形之中，達到「不意而發」的「化勁」，意即化入身形中，以達到「拳無拳，意無意，無意之中有真意」的一體整勁功夫。

在勁力體悟上，車毅齋，擅長「蛇形」的運用，宋世榮則長於「燕形」的變化。形意拳的發力，必是雙手配合全身的整體勁力，絕無單手發力者，拳經內所述及，起鑽落翻的翻浪勁，是最好的詮譯。

於拳法技藝上，李氏將鷹捉式，列為形意五行拳的母拳，欲以之練就出尚氏形意拳技法的真諦「趟勁」和「踩勁」來。「趟勁」要練得像摧枯掃殘的捲地勁風，甚或像鐵犁翻地般的勁大力實，具拔地而起的威勢。

於基本要求上，則需配合意念與神氣的訓練，築基功夫是所有招式用法的基石，能將周身的動作，融合意念於無形，是踏入武學最高層次的必要步驟。

李氏由於本身對拳譜瞭解透析，其形意拳最大的特色，便是經由拳理剖析，將劈拳與鷹捉式正式分開鍛鍊，並專研出其間勁力的特點，且其對形意拳十二形中，鮀形（鼉形）及鮐形的辨誤，亦導正了後學的體認方向。

　　李氏將形意拳技擊的要點，定位在打顧一體，使攻守自如，遊刃有余，為實戰的另一法門。形意拳三體式中，所要求的虎豹頭動作，即欲練就顧、打一體的功法。

　　所謂「肘不離身，手不離心」，以兩臂護住心、胸、肋部位，一以蓄勁待發，一以護守上半身。一旦發力，即以腰催肩、肩催肘、肘催手，勁力借身形擰轉而爆發，是為「打」的轉型。

　　所謂「出洞入洞緊隨身」，是虎豹頭最具體的表現，亦即學練老虎撲食前，蓄勢待發的技巧。「起橫不見橫，落順不見順」，是顧中有打，打中有顧的另一種勁力技巧，這些既「顧」又「打」的技法，平日需久練，用時必能得心應手。

　　若比較五行拳中的劈拳練法，以定式劈拳式，左手在前，右手在腰際而言，山西車派的形意拳左手多為立拳，虎口在上，河北派的形意拳左手用的是鷹捉掌，即平俯掌，掌心向下。

　　李洛能弟子，河北派形意拳大師劉奇蘭，所傳習的劈拳式乃採用平俯掌，因此，諸如劉奇蘭弟子李存義及張兆東；劉奇蘭的兒子劉文華（殿琛），於民國九年出版的《形意拳術抉微》一書中，所提及的劈拳式練法，用的皆是平俯掌。故河北省一派的形意拳三體式樁功，是以平俯掌來鍛鍊形意拳劈拳。

　　郭雲深弟子李魁元，及其弟子孫祿堂，同樣是用平俯掌鍛鍊形意劈拳。另山西派車毅齋，其所傳授的劈拳式，採用的是立拳。宋虎臣弟子董秀升，因受河北派李存義指

導過形意拳藝，且曾整理李存義的資料，故董秀升在山西太原授拳時，均用平俯掌授藝。

目前大陸所出版的形意拳書籍中，劈拳雖採用掌型，但確是坐腕立掌，三體式亦同，並非平俯掌。或因當時京津，習形意拳者，亦同時習練八卦掌，如李存義、張兆東兩位名師，多兼練八卦掌藝，故在掌型上有所變化。

孫祿堂先生，早期所出的《形意拳學》中，其三體式與劈拳，用的是平俯掌，其後混合所習之八卦掌技藝後，有了立掌的趨勢，在掌型上似有混用。尚雲祥與弟子李文彬先生，均專研形意拳藝，故無掌型混淆的問題。

目前山西一系的形意拳，或因早年孫祿堂曾拜訪山西太谷，與宋世榮等人交流，故宋世榮及車毅齋的弟子布學寬等人，或受八卦掌的影響，於掌型上起了變化。

布學寬之子布秉全先生，所演練的八卦掌拳架，似孫祿堂先生的八卦掌式。山西車派的形意拳藝，劈拳是立拳，三體式，亦是用立掌。依拳經所述，三體式練時，應是以鷹捉掌式來鍛鍊的。

在台灣傳習形意拳的曹連舫先生，是尚雲祥弟子趙克禮的學生，其劈拳則用立拳，三體式的掌亦是用平俯掌。另一形意拳、八卦掌名家周繼春先生，是耿繼善之子耿霞光的體系，其所演練的形意拳三體式亦是平俯掌。

李文彬《尚氏形意拳抉微》一書中，劈拳用的是立拳，李文彬是尚雲祥弟子，而尚雲祥是李存義的弟子，又受過郭雲深青睞指導，依河北派特色，理應採用平俯掌，何以尚氏的劈拳會用立拳鍛鍊，其因是尚氏以其對形意拳

經的理解及領悟，將形意拳鷹捉式分出，用平俯掌練習，鷹捉四平之謂。而劈拳，則用立拳，以前小臂為斧刃，發揮其似斧前劈之勁勢。經云：「劈拳之形似斧屬金，內通於肺，外通於鼻。」本與鷹捉式要求的重點不同。

形意拳拳譜中，另有鷹捉的口訣述要，而在三體式中的前手手式中，亦能表現出來，且形意五行拳中，皆用拳法，何以劈拳會用掌法，而斧劈之勢，以掌法表現，皆不如拳法表現的有力道。將劈拳與鷹捉式，以詳細的理術分析，李氏可謂第一人，此亦為尚氏形意拳之特點。

鷹捉式的平俯掌，掌型虎口要圓，指端微扣，依拳譜要求：鷹捉四平，尚需達到兩足平，前手臂平，頭頂平及兩肩平的動作標準。

鷹捉式，是陽剛步入陰柔，掌握剛柔相濟，沾身技法的竅門所在。其式中起鑽是拳，落翻是掌，勤練起鑽落翻的翻浪勁，亦即摩挲勁，是練成沾身縱力功夫的精要途徑。

三體式與鷹捉式不同，三體式，為樁功練法，培元養氣，以鍛鍊靜態的整勁。而鷹捉式，是以三體式為起式，練習原地發勁後，再藉著兩掌的擰轉動作，鍛鍊起鑽、落翻的技巧，及鷹捉撕綿之整勁力道，實為一體之兩面，三體式以築基，鷹捉式以應用，體用兼備，乃形意拳之兩大主幹。形意拳法鍛鍊時，需細心體會兩手的前後配合，要如撕綿，又如弓在弦上時，後拉欲放的作用力與反作用力的發揮。

三體式是形意拳的基本樁功，其技法要求，拔背、沉

肩、墜肘、併膝、提肛、裹胯以及三圓、三頂、三扣的要領。三圓指手心圓、手背圓、虎口圓。三頂指頭上頂、舌頂上齶、手頂。三扣是齒扣、手扣及腳扣。

在靜態鍛鍊中，需做到雞腿、龍身、熊膀、虎豹頭，以達到抻筋拔骨效益，追求靜中有動，練就「獨立之行」和「兩腿相夾」之功，以培育「磨脛而行」之勁。

三體式中的龍折身「三折之勢」的功法，是練擰轉整勁之力的必備要件。當後腿裏扣時，上身要能做到反擰順胯，以形成腰腿伸展，使上體似正非正，似斜非斜，腰順勁催，隱含蓄力待發的技巧。

另需要求意念與呼吸的配合，練氣以養元，經云「靜中之動謂之真動，動中之靜謂之真靜」，鍛鍊樁功，要做到內外和體用兼修的境界。

於步法上，山西派形意拳，前腳撞步，後腳採跟步進前，河北派亦採類似步法。李文彬先生的形意拳步法，則採摩搓步，兩腳貼地平面摩擦，前腳往前擠時，隨即後腳跟著前擠，再同時發力，使勁力不斷，並非用跟步發力。此種兩腿彎曲，前三後七夾剪勁，雞腿式及進身跟後腳的步法，又叫槐蟲步。山西派步法較寬，尚氏步法較窄，但以腰力帶動全身擰擠發勁。

早年在台灣傳藝，習李存義體系形意拳的陳泮嶺先生，其所練的形意拳步法，亦採較寬步法，其三體式的手型，採平俯掌略上仰，手式較高，而其劈拳則是用立掌式。在形意拳中，能較快體會勁力的拳法，是崩拳式，崩拳發勁動作，極重肩、肘、腕三星照及摩搓步法的要領，

領悟摩搓步的體用，方能真正揮整勁的功效。

在形意十二形拳中，對於鼉（鮀）形及鮐（鮐）形的動物形象及動作要點，有部分習武者有不同程度的誤解。十二形拳，本是以該動物的靈性動作，來參悟拳理拳術，若象形而練，則所練動作及體認必然偏頗。

李文彬先生承繼尚氏說法，對鮀（鼉）形有如是的見解，鮀與鼉是兩種不同的動物，經云「鮀有浮水之精」，故而我們要學的是浮游於水上，而能左右曲線游進，既輕靈又快速的動物，一如俗名「香油」（賣油郎）的昆蟲，是以鮀形的手型，乃拇指與食指撐開，其餘三指捲曲，正似昆蟲腳型。而鼉即「揚子鱷」，為鱷魚的一種，兇猛性懶，直線前游，爪大不輕靈，故應學習輕巧的鮀而非鈍拙的鼉，否則將與拳經所示大相逕庭。

劉奇蘭之子劉殿琛於民國九年所出版的《形意拳術抉微》中，謂「鮀」為善浮之魚類。董秀升於民國二十三年所出版的《岳氏意拳五行十二形精義》中，言「鮀」為水族中最靈之物，有游泳之能。

然余查閱《當代國語大辭典》，「鮀」則被解為一種小沙魚，或名鮎魚，頭大嘴寬，體滑無鱗，多黏質，全體狹長而側扁，亦稱鯤、鰻等，但無法考證此魚類是否為形意拳經上所指的「鮀」。而「鼉」則屬鱷魚種類，「鼉」字，應當是從孫祿堂先生，解說形意拳十二形時，開始引用的，其後解說者多跟用「鼉」字。

但不論採用鮀或鼉字，該式的手法，皆採拇指與食指撐開，其餘三指捲曲的手式練習，「鮀」與「鼉」皆有游

水之能，余則認為似應以揚子鱷之兇猛特性，靜以制動，瞬間捕食的特性，較似「鼉」形能攻能守，動作速而敏捷的特色。

「鮐有豎尾之能」，有誤為駘者，駘為劣馬，非也。有誤為鴿者，鴿屬鳥類，但皆無豎尾之能。鮐為兔鶻，體小尾短，又名禿尾巴魔，是小魔，並非鴕鳥種類，野生常站於高枝，頭下尾上倒立，俯窺疾下以撲食，形意拳即是取其習性，學其豎尾技巧。

所謂豎尾之能，指的並非臀部或胯部，鮐形是以兩臂由上分而下合，貼肋裏裹，兩臂合一以象尾來操練，鮐形以兩臂在腹前裹裹，向前上發勁之式，強調的是「肋腹打」的功夫。經云：「肋腹打去意沾陰，好似還弓一力精，丹田久練靈根處，五行合一顯其能。」這正是郭雲深、尚雲祥，名貫武林的腹打功夫，練鮐形是掌握肋腹打發勁的必備形象。

李文彬先生，強調尚氏形意拳，極重技擊實用技法，平日便應實地操演鍛鍊，細心琢磨體會，一旦臨用，才得不假思索地運用自如，如意順暢。

形意拳中三乘功夫的鍛鍊，由明（剛）勁練到暗（柔）勁，再練到化勁，是以「硬打硬進無遮攔」的技擊技巧，貫穿三個階段。要先練出不借慣力，不借他力，想發就發的爆發勁後，才能練精化氣。

進一步地追求暗勁、化勁，並非削弱剛勁，因為形意拳動有動的技法，靜有靜的技法，由起鑽落翻的動作來找勁、變勁甚至發勁，若無剛勁的基礎，便無法練出，如抖

撅勁、炸勁等高難度的發勁勁路，若放棄剛勁的鍛鍊，會使多年練拳的心血結晶喪失，更遑論提升拳藝技法，習者當深切體會之。

以剛勁為基礎，再把發勁的動作，從自然、輕鬆的技術中分解，按緩動遂發、沾身縱力的要求，找出暗勁，若動作熟練到氣沛神盈，柔（暗）勁自然而得。待柔極自化後，周身通靈，便能練就沾身即發的勁力，達到不意而能發的化勁境界，此即為形意拳極實在的，三乘功夫進階過程。精妙的拳藝，仍需經明師點撥，所謂「武藝雖精竅不真，費盡心機枉勞神」。

武學的領域，猶如瀚海無涯，學無止境，亦如逆水行舟，不進則退。切勿認為練完拳架，即學有所成，而廣收學生授藝，諸不知，武學境界實博大深奧，習武者理應慎思，切勿閉門造車，以致於貽誤子弟。且在技藝外，更應重視習武者的內在涵養及武德風範。

山西太谷宋派形意拳

余1996年4月，造訪山西太谷宋世榮先生的侄孫宋光華先生，並蒙宋光華先生演示，宋氏形意拳法不同的風格與特色。

宋派形意拳的代表人物，宋世榮，字約齋，號鏡泉，北京人，生於1849年，歿於1927年，享年79歲。自幼隨父經商山於太谷，聰明好學，少時習花拳，十七歲時拜李老農為師，習練形（心）意拳藝，練藝十年，盡得真傳。

二十四歲時得劉曉棠由瀋陽行宮，抄錄出來的《內功四經》，後又得《洗髓經》，親身研悟盡其奧妙，其後又融合太極拳、八卦掌，創編「盤根」、「十六把」、「麟角刀」等套路，體用兼修，充實形意拳原有的內容，獨創宋氏形意拳的特殊風格和特色，傳人有宋虎臣（子）、宋晏彪、宋鐵麟（侄）、宋青山（子）、賈蘊高、任爾琪、王嗣昌、趙守鈺、高世榮、龐泰昌、范應元等人。

宋世榮先生之習拳歷練，亦篆示於其墓誌銘中：

「公諱世榮姓宋氏字約齋號鏡泉京兆宛平縣人父永祿公生子二公其長也世經商於晉之太谷縣遂家焉公性至孝少穎悟好讀書氾濫群籍能通其義年十七棄儒而商承父業李能然先生武術界之尊宿也公從之學十年盡其技復得真本洗髓經昕夕研求超神入化近百年來所稱太極八卦形意三者為內家之絕詣公則貫而通之盤根沖空莫可擬議時或屹立如山數

十人撼之不能動一揮手仆人於尋丈外非所謂輕若鴻毛重若
泰山者耶公嘗慨然曰國勢不振他族馮陵國人苟去其右文之
習從事武技實力既充外患自弭此所謂戰勝於國人也盈近士
夫屍居餘氣坐視屩弱而不能救每欷歔太息慷慨而不能自己
公之澹於進取者以此亦可以見公之志已昔魏禧子傳大鐵椎
也既稱其數之奇而傷當時之執政者務虛名而無用人之實坐
使非常之士湮沒不彰明社遂屋公值有清季世懷絕技而隱於
市徒抱憂世之志何古今人之一轍也悲夫公生於清道光己酉
七月初九日卒於民國十六年歲次丁卯九月十九日夫人金氏
先公卒繼配夫人王氏生子二長國英次國秀女三長幼均早逝
次女適漢軍旗庶吉士德生公長子和霖某年月日葬公於太谷
縣城東鳳山之原爰為之銘曰幽燕之間昔多異人公之絕藝超
群軼倫賦性純孝克葆天真棄儒而賈市隱沉淪既慨慷而歎息

感國勢之不振乃旁參
夫二氏遂精義而入神
稟天地之間氣爰迴出
乎風塵何日月之浸馳
兮競摧折乎飆輪傷老
成之殂謝兮徒慨想乎
先民我銘此阡兮設兼
義之敷陳千秋萬歲兮
視此珉

　　前大總統府秘書
東臺吳心穀撰
　　山西農礦廳秘書

山西宋派形意拳宋世榮先生

233

太谷武中洲書」

其弟宋世德，生於咸豐七年（1857年），逝於民國十年（1921年），享壽六十五歲，修道十五年，坐化於奉天（今瀋陽）廣寧縣廣寧山老爺嶺聖清宮。

宋虎臣，名國英，為宋世榮先生長子，自幼隨父習拳，精通形意拳藝，並得內功真傳，其拳式小而勁長，全心致力武學，後根據實戰技藝創編了拳術對練，十面埋伏、戰鬥槍、戰鬥劍等徒手、器械套路，因專心研治武學而未娶妻室。所傳弟子有劉實君、董秀升、潘振英、張劍青、車潤田、呂佩雙、席子勤、李旭洲等人。

宋鐵麟、名國祥，生於1885年，卒於1978年，壽九十四而終，為宋世榮先生之侄，自幼隨伯父宋世榮，父親宋世德習武，視祖傳武術為瑰寶，得內功真傳，潛心苦練

宋虎臣先生

宋鐵麟先生

從不間斷，精通散打。因武學淵源，得識眾多名家高手，乃集眾師之長，創編多種體用兼修的練法，培育武術人才不遺餘力。因武德高尚，應邀擔任太谷縣武協主席、政協委員等職，年逾九旬時，仍耳聰目明、腰背筆直、聲如洪鐘，對氣功養身法有獨到的見解與造詣。傳人有宋光華（子）、李宗山、吳立孝、趙永昌、孫福元等人，再傳弟子則遍及海內外。其子宋光華先生，生於1931年，現任山西省形意拳協會理事及副會長等職，為發揚宋派形意拳藝，不遺餘力。

宋派形意拳藝，於五行拳與十二形拳法的鍛鍊方式，在動作的演練上，與車派形意拳的練法有較大的不同。查閱周劍南先生贈余之手抄本《宋氏形意拳譜》內容，究其原由，宋派形意拳法中，有部分動作，類同於戴氏心意拳譜中所記載的練法，據聞宋鐵麟先生曾與祁縣戴氏傳人，相互交流戴氏心意拳藝，而融合其待長。

宋派形意拳，因宋世榮對內功的深入試煉，自成一格，是以宋派形意拳藝，除了以象形取意，六合為法，陰陽為母，四象為根，三節為用外，尤重《內功四經》的內功鍛鍊準則。

以內功鍛鍊為主的《內功四經》，內分內功經、納卦經、神運經與地龍經四大部分。

內功經中明示：「內功之傳，脈絡甚真，不知脈絡，勉強用之，則無益而有損，前任後督，氣行滾滾，井池雙穴，發勁循循，千變萬化，不離乎本，得其奧妙，方嘆無垠。」乃指內功鍛鍊，需由脈絡，格式與氣路三方面著

手，明瞭自身的脈絡後，再將身體各部位的動作格式調整，如「頭正而起，肩平而順，胸出而閉，背平而正」等，使之符合鬆緊開合的要求，再調氣路之升伏均緩，使之透骨，以為勁源往來無阻時之用。

納卦經，則是以乾、坤、巽、兌、艮、震、坎、離八卦，依次說明項、足膝、肩背、襠胯、胸、脅、心、腎等部位，與勁節氣路配合協調時，所應注意的動作要領，需反覆熟練之。

神運經，則以體、式、用、意四個章節，闡明「鍊形而能堅，鍊精而能實。鍊氣而能壯，鍊神而能飛，固形氣以為縱橫之本，萃精神以為飛騰之基，郁形氣騰能縱橫，精神斂能飛騰」的神運奧妙，既明神運之理，而後方能鍛鍊，並體會內功十二大力法的練法。

如若前三經練得明，練得勤，方可充分發揮地龍經，於運用上的真意，所謂「地龍真經，利在底攻，全身鍊地，強固精明，伸可成曲，住亦能行，曲如伏虎，伸比騰龍，……」的活用境界。

《內功四經》內容看似簡要，然而由內到外，由練到用，皆確切地融合生理、心理、力學與哲學的綜合鍛鍊法則，故能成為宋派形意拳，最大的風格特色。習練宋派形意拳者，於鍛鍊五行拳、十二形拳等套路時，皆需以《內功四經》為指導準則，以任督兩脈分陰陽，應敵時，方能發揮陰陽虛實，以達變化萬千境界。

在內功發勁上，宋派形意拳，強調內外相合，上下互撐，左右爭衡，前後互為作用，全身整體配合，先鬆後

宋派十二形拳（宋光華先生示範）

熊形

鮐形

鷹形

蛇形

燕形

雞形

鷂形

鼉形

馬形

虎形

猴形

龍形

劈拳

炮拳

鑽拳

橫拳

緊，緊而速鬆，隨鬆隨緊的六合整勁鍛鍊，此亦是內家拳與內功經的發勁方法，不但爆發力強，還內含彈力、撐力、爭力等，此項功夫，非經真傳不易掌握。

初學者每效其形，反被斥為「抖」，此乃不懂內勁，不明三節，梢節起，中節隨，根節催之原理故也。

崩拳

內功鍛鍊，需循序漸進，習武者應由初級、中級乃至高級，將基本功紮實鍛鍊，再依個人身體特點及領悟力，配合科學鍛鍊方法，因勢利導，以取得事半功倍的拳藝效果。聞孫祿堂、賈蘊高從宋世榮受業時，宋曾口授賈以內功經，並付以內功經卷，授孫以洗髓經，並付以洗髓經卷。

宋世榮對於拳理的論述，是將形意拳以武藝與道藝區分。以三體式為例，武藝者，除遵循三體式的基本動作要領外，重心有單重、雙重之分，架勢上有分高步、中步與低步勢練法，而勁力上則分為，以兩掌伸出為塌腕或坐腕式的任脈勁（陰勁），及兩掌伸出為直腕或挺腕的督脈勁（陽勁）。若論道藝者，依丹書練法，練時需還虛以見本

性，不用後天之心意，又不落頑空，於規矩中用力，如此便可虛無生一氣，一氣產陰陽，陰陽再合三體，三體重生萬物。是以三體式內之一點生候發動而至無窮，即所謂道藝之練法。

宋世榮先生曾曰：「靜坐功夫以呼吸調息，練拳術以手足動作為調息，起落進退皆合規矩，手足動作亦具和順，內外神形相合謂之息調，以身體動作旋轉縱橫往來無有停滯，一氣流行循環無端謂之停息，亦謂之脫胎神化也。」是以此區分武藝與道藝之不同。

宋派形意拳，講究有練拳者，即健體、表演、陶冶情操者，有練力者、練功者與練藝者之分。行家云：「拳不打力，力不打功，功不打藝。」所謂藝者，即今之武術技藝，亦即物理學中之力學，包括力的方向、重心之平衡穩定、衝擊力、槓桿力、作用力與反作用力、二爭力、平衡力、螺旋力、三角力等力學原理。

技擊運用，則研究向心力、離心力、力偶、速度距離與力量間關係之靈敏度與耐力等。於實際用時，除掌握上述原理外，尚需培養智勇膽識，敏捷反應與應變能力，方可挫敵，動作上切記，「兩肘不離肋，兩手不離心，出洞入洞緊隨身，避住五行永無凶」的技法，反覆鍛鍊，以融於心。

在拳藝方面，宋派形意拳，經過宋世榮先生與其後代傳人，努力不懈地取長補短，積極探索下，除對三體式樁功深入研究外，在套路上亦有創新，如五行拳法，既創編了內五行拳的多種練法，十二形拳亦然，如原為雞形四把

宋派三體式（宋光華先生示範）

上　盤　　　　　　　　中　盤

下　盤

宋派麟角刀（宋光華先生示範）

的雞形，現為縱跳步雞形；原為鷹熊合演的鷹熊式，現將熊形單練，主練肩膀部位動作；原為起跳龍形，現在原基礎上增加盤腿、旋轉、提腿、伸縮等練身法的動作，其它如燕形、鷂形、鮐形、虎形、猴形、蛇形等，均有多種形式的練法，並將十四處用法融入其中。

此外，還創編十面埋伏、陰陽把、三節、推掌、軟球勢、五方鴛鴦掌、摸身掌、左右五行連環，以及戰鬥劍、戰鬥槍、乾坤鈹、六合長槍等，器械、徒手、單對練套路，豐富了形意拳的內容，在形意拳中別具一格。

宋派形意拳藝，因融入內功特色，不同於其它同源而生的形意拳藝，目前山西太谷，後繼有人地繼續發揚此一拳藝，依照表演型、健身型與技擊型，不同的需求而因材施教，對技擊訓練者，另加強武德方面的教育，期能將同時鍛鍊內功、拳藝的宋派形意拳，廣泛地推展至國內外，廣結武術同好。

山西祁縣戴氏心意拳

　　1993年，余親往山西祁縣，尋訪戴氏心意拳傳人時，僅訪得戴魁（奎）弟子段錫福之子段志善先生，與段錫福之弟子董如忠先生。

　　資料的來源與拳藝的探討，多藉由兩位先生，不遺餘力的提供訊息，余亦將祁縣有關戴氏心意拳的傳聞，刊登載述供同好覽閱。

　　1996年4月，余有幸再訪山西祁縣，重遊車毅齋再傳弟子喬錦堂與喬鑑西的宅第──喬家堡，取得保存於喬家堡內，原為戴氏家族擁有「丹楓閣」牌匾的相關資料，訪

戴魁先生

段錫福先生

得戴寶書先生，並得知戴氏家族尚有後裔留在祁縣小韓村，且依然居住在戴龍邦昔日所居之老宅內，是以親往戴氏老宅，尋訪戴氏後裔戴傳曾先生，對於戴氏心意拳的傳習，亦有了更深一層的瞭解。

「丹楓閣」牌匾，現被列為祁縣文物代表，收藏於喬家堡，且成為喬家堡中最有價值的牌匾。依祁縣文史資料委員會所編列的「祁縣文史資料」第九輯記載：丹楓閣，是祁縣人戴廷栻於清順治十七年（西元1660年）建造的一座，「海內聞名」的樓閣。

此閣三間四層，規模宏大，蔚為壯觀，以「反清復明」為宗旨，廣交天下名士與海內名流，而致聲名大振。南方則多聚集於冒巢民先生之「水繪園」（在江蘇省如皋縣，現已闢為旅遊點），故有南園北閣之稱。

「丹楓閣」牌匾

　　「丹楓閣」原址在祁縣城內南街，惜早已坍塌無存。但由傅山先生親自題寫的「丹楓閣」牌匾及其為戴廷栻之作，《丹楓閣記》所加的跋語，現仍保存於祁縣民俗博物館內。「記」及「跋」已由遼寧省博物館影印出版，公開發行。

　　「丹楓閣」牌匾的主人，戴廷栻先生，生於明萬曆四十六年（西元1618年），卒於清康熙三十年（西元1691年）。字維吉，亦字補岩，又字楓仲，號符公，祁縣城內人，乃明代戶部員外郎戴運昌之次子。其祖父戴光啟，據山西《祁縣志》記載：「戴龍邦的先祖，戴光啟為明朝進士，曾任巡邊大臣，人稱『戴巡邊』。」

　　戴廷栻幼時隨父在京，深受父教影響。1644年甲申事變後，隨父返鄉，其父隱居不出，戴廷栻亦絕意仕進，於是以文會友，廣交反清復明志士。

　　順治十七年（1660年），於祁縣城內南大街修建「丹楓閣」樓閣，以此結社會友，與傅山、顧炎武等人交往甚密，行文著書立說，以反清復明為宗旨，和江南的「水繪園」相呼應。

　　戴廷栻著有《半可集》，意為不全之本，記載西北農民起義，及南明建立的事跡，內含「丹楓閣記」，文字超逸。傅山為其加跋，清代文人蘇捷卿有「詠丹楓閣」詩云：「十年悅得名賢駕，百里迎來高士風。」閻古古有贈楓仲詩云：「禪磬蕭條崇善寺，法書煨燼寶賢堂。正好緣山尋菊去，如今栗里是松莊。」「松莊」，是傅山先生之行館。戴廷栻隱居丹楓閣時，另撰有《楓林一枝》，全書

有詩三百篇，以氣節文章名世，如「司徒誅董卓，漢祚可復昌」……等詩，多含反清復明情懷，傅山先生和他的同學王岱、石史，曾為之題序。

　　喬家大院，在對外的簡介上，對於《丹楓閣記》的以下記述，作了一大意上的分析：「西元1660年9月，他（戴廷栻）做了一夢，夢見和幾個穿古代服飾的人在城外同行。忽然發生了一場大的變動，回頭看時，已無平坦之路可行，前面是懸崖峭壁，崖上長滿楓樹和青松，中間還有一閣，匾上寫得『丹楓』二字……。他醒後就按夢中的式樣建築了丹楓閣。」

戴氏宅院

249

簡介中認為，其實戴廷栻夢見穿古裝的人出行，是對故國的懷念。發生的一場大變動，是指政局變化。《丹楓閣記》的真正含義是：國家滅亡，國難當頭，故建丹楓閣，以寄託亡明之痛。

而傅山在《丹楓閣記》後寫的「跋」中所言：「『丹』是指讀書的中心，『楓』是戴廷栻的字，『閣』是戴廷栻讀書的地方。故把閣命為『楓』，把『丹』字寫在前面以示醒目。『丹』表示紅色，又表示忠心，『楓』既表示氣節，又表示紅色，都充盈著對明朝的懷念思想。」

戴廷栻是戴龍邦的先祖，戴氏家族遷移至山西祁縣後，主要延續發展於思賢村與小韓村兩地，戴家宅子位於小韓村內。據聞戴龍邦為戴氏第十六代後裔，戴魁（奎）為戴龍邦的族親，為曾侄孫輩，生於1874年，歿於1951年。現年四十一歲的戴寶書先生，其祖父戴康年與戴魁（奎）是叔伯兄弟，因叔爺輩份關係，戴寶書乃跟隨戴魁（奎）弟子段錫福習練戴氏心意拳。

現居戴家宅子內的戴傳曾先生，為戴龍邦的後裔，務農為生，但未習練拳藝。

位於小韓村戴家宅子，宅院為四進，後院已倒塌，不同於一般的民宅農舍，由於山西祁縣地處偏遠，受文革的破壞較少，是以戴宅本體所保留的雕樑畫棟，牆緣壁畫，室內擺飾，古董傢俱，雖顯老舊，確依然能體會到戴家當年，家業鼎盛的景象。

據戴寶書先生云：「戴龍邦一系的戴氏家族，多半單傳，人丁單薄，加以明末清初，反清復明活動彰顯，後裔

因恐惹禍加罪，多半深居簡出，較少主動與外界接觸。是以戴氏心意拳僅家傳而不傳外姓，直到戴魁因膝下無子，首開普傳戴氏心意拳之舉，其後的戴氏心意拳，多經由戴魁弟子或族親，延親發展，目前傳人最多的，為岳蘊忠與段錫福體系。」

戴氏心意拳，源於姬際可，因戴龍邦對心意拳的心得體會，別樹一格，創出三拳、三棍及五行拳法，故而發展出「戴氏」心意拳的武藝系統。戴氏心意拳又名「六合心意拳」，簡稱「心意拳」，以練內功為主，兼修外形，形神兼備，一動俱動，出拳如風，實戰性特強，愈練會愈覺奧妙無窮。尤其起、落二勢，起勢多極束，落勢多大展，展如旗束如蛋，乃戴氏心意拳的特點。

據戴寶書先生所提供的資料與手抄拳譜，鍛鍊戴氏心意拳，首重站樁功，即六合勢（即蹲猴樁），以立其體。再單練拳式，如五行、十大形、雙把、三拳、七炮、七膀、七小形、五種手法及三才拳。套路則有，四把、聯珠把、五趟閘勢、續五趟及天地陰陽八陣圖。

步法鍛鍊為，寸步、虎步、踐步、恨步、墊步、串步、車輪步、轉輪步、進退連環步、地盤步、蛇形步、閃步、快步。再加上方位的練習又有三角、四角、七星步、井字步、疊步、龍行、人字步、雞步。

器械方面，有戴氏三棍、六合棍、六合刀、六合槍、峨眉刺、鐵筷子、螳螂刀、六合劍、春秋刀等。

心意拳的基本樁功蹲猴樁，又名站丹田、蹲丹田或站毛猴，純任自然之勁，不可滯練。站時，兩足並齊曲膝下

蹲，兩腿結緊併膝，昂首、縮頸，弓背，併肘緊貼丹田，併掌掌心向外，手指朝下，目視正前方，膝頭、下顎及足尖，三尖對齊，練時用意而不用力。

　　身法要求，雞腿、龍身、熊腰、猴背、鷹膀、虎抱頭，外形上取猿猴的弓背，意含展勁，力求放鬆，看似一正蹲著的毛猴般，以符合心意拳外三合的基本要求。

　　展勢射時名曰翻天地，丹田猛射，足寧前拖，不可後退，兩掌翻裡，向內摟丹田，兩肘緊貼兩脇，不可炸，為不出步的射丹田。若要動步，前加寸步再進步，勢正後射出為踩步。詩曰：

「手抱丹田身軀正　　二目平視腳併行
　身定心寧無雜念　　輕鬆自然講虛靈
　虎視眈眈不轉睛　　束身曲體勁不停
　涵胸拔背肩內扣　　沉肩肘垂向下沉
　收臀裹胯腿夾緊　　提肛勿使股谷挺
　兩手下垂至膝面　　邊垂邊翻見手心
　手托相挨臂貼臂　　收腹曲腿呈圓形
　舌抵上齶周天通　　頭要微仰領要平
　束身收氣沉丹田　　三圓聚一如束身
　展身也要講虛靈　　徐徐起勢勁不停
　挺項收領頭要頂　　視點不移眼出神
　挺胸豎脊腳微蹬　　手抱丹田氣呼盡
　氣出二心為釘頂　　若打快勁喝呵音」

　　心意拳授徒要求甚嚴，站樁時最忌心猿意馬，要在「心意」中下工夫。心、神、氣、意，需處於極靜的狀

態，神不外馳以定心，心定生慧，由無為變有為，才能將
內三合、外三合，完整表達出來。以意領氣，將真陽注入
丹田，一旦氣海培育靈根，就能進一步達到煉氣還虛，煉
虛合道的最高境界。

　　由一步功練至五步功，即指蹲丹田、轉丹田、搬丹
田、砸丹田及射丹田。心意拳是柔中寓剛的拳藝，需有強
大的內丹田爆發力方能使勁力到達四梢，以心念的意動，
帶動整合全身的神、氣、意、力、勁，以發揮瞬間強而有
力的爆發勁。歌訣云：

　　「靜養靈根氣養神　　養功養道見天真
　　　丹田養就長生寶　　萬兩黃金不與人」

　　五行拳為單練拳，是心意拳的基礎拳法，動作簡單，
姿勢規矩，勁力嚴謹，左右
對稱。以金、木、水、火、
土代表五種拳，取相生以為
平時之練習，取相剋以為對
手時的破解。拳名為劈拳、
崩拳、鑽拳、炮拳、橫拳，
練時橫拳居首，因橫拳屬
土，土為萬物之母。

　　橫拳屬土，是滾勁，其
形似彈非彈，有輪行塹溝之
勢，實乃直勁也；劈拳屬
金，是猛勁，其形似斧非
斧，有捧乘掇碟之勢，實乃

心意拳蹲猴樁
戴寶書先生示範

253

戴氏心意拳五行拳（戴寶書先生示範）

劈拳一　　　　　　　　劈拳二

鑽拳一　　　　　　　　鑽拳二

崩拳一

崩拳二

炮拳一

炮拳二

捧勁也；鑽拳屬水，是快勁，其形似閃非閃，有山倒嶺塌之勢，實乃鑽勁也；崩拳屬木，是靈勁，其形似箭非箭，有舟行浪頭之勢，實乃起勁也；炮拳屬火，是炸勁，其形似炮非炮，有江水拍岸之勢，實乃排勁也。五行相生，劈拳變鑽拳，鑽拳變崩拳，崩拳變炮拳，炮拳變橫拳，橫拳變劈拳。

五行相剋，劈拳剋崩拳，崩拳剋橫拳，橫拳剋鑽拳，鑽拳剋炮拳，炮拳剋劈拳。練至熟練巧化掌握用法，即可隨意生剋運用自如。

十大形，龍虎蛇猴馬雞鷂燕鷹熊，乃取動物自衛與掠食特性，化出種種絕妙攻防手法，以達無堅不催，無懈可擊之境。

龍形，以練神為主，有升降之形，跌脊之能，搜骨之法。練時周身無須用力，暗聽氣注丹田，遍體活撥，兩臂神靜，五行相應，身如游龍之行空。

馬形，以練勇為主，有疾步之能，最勇敢富有衝力。練時有單、雙之分。

蛇形，以練氣為主，有撥草之能，骨節活動，首尾相應。練時氣柔身而出，臂活腰靈，有行乎不得不行，止乎不可不止之意。

雞形，以練輕靈速快為主，有獨立之法，振翅之威，奮鬥之勇。

鷹形，以練猛烈為主，有捕捉之能，捉拿之工。練時主要以功為主，鷹有捉法，膀有打法，眼有瞅法。

燕形，以練靈快為主，有跌身之法，輕捷之靈，取水

戴氏心意十形拳（戴寶書先生示範）

橫拳一　　　　　　　　　橫拳二

龍形一　　　　　　　　　龍形二

戴氏心意十形拳（戴寶書先生示範）

虎形一　　　　　　　虎形二

蛇形一　　　　　　　蛇形二

猴形一

猴形二

馬形一

馬形二

雞形一　　　　　　　　雞形二

鷹形一　　　　　　　　鷹形二

燕形一　　　　　　　　　　燕形二

鷂形一　　　　　　　　　　鷂形二

熊形一　　　　　　　　　　熊形二

之能。練時由舒而展，展而舒，如同水中漂瓦。

　　鷂形，以練精巧為主，有束翅之能，入林之精，翻身之巧。練時腳底輕靈，上法精巧，打時用膀尖，提氣束身進如箭。

　　熊形，以練穩重為主，有豎項之力，出洞之勇猛。練時注重腰力，以實內勁。

　　若能將各形，研究精熟，按其性質化而用之，技藝將可達到形意相合的上乘境界。

　　三拳，是戴氏獨創之拳，應於心意拳單行手法。

　　鑽拳形似閃，手是押，膀是顛，步宜小，步小膀易顛，練時加低捶，連掘地炮。

　　裹拳類虎踐，手是托，不可炸，肘要頂，宜正不可

高，肘宜低免危險。裹是顧，出手是打，出肘則似踩外門的螳螂手，身法尤須靈便，故要帶上龍身，有三種練法，正門、外門與地盤。練時加螳螂手，低錘又裹風膀，如此易變化螳螂手。

剪拳似馬奔，起時，雙肘相併向前猛撲而起，如開剪之狀，兩肘貼心，所用者雙肱之前側與肘鋒，鑽前而下，鑽前而起。

拳勢之鍛鍊，相連者，無一勢不相連，用時亦然，拳勢之快是一勢快，非連串之快，三拳串通合為一勢，隨時變通，靈活掌握運用。讚曰：

「鑽拳形似閃　裹拳類虎踐

剪拳似馬奔　連環一氣演」

三棍，即碰棍、炮棍及反背棍也。碰棍，挎勁要大，扎時自然有勁。炮棍，要挑押帶勁，愈快愈好，非緊貼敵身不易奏效。反背棍，如虎搜山，如箭之刺也。地盤絞挑順摜押，為三棍之母。讚曰：

「碰棍直要猛　炮棍似風行

反背形似箭　玄妙在其中」

拳棍讚曰：

「三拳三棍非尊常　緊陣圓滿是正方

習者若至通神處　武藝之中狀元郎」

四把，主要重點即是橫拳、挑頂、鷹捉及斬手炮的鍛鍊，四把及十形是延續姬際可的拳法，而五行拳則是戴龍邦彙集其體驗而來，如五行拳中劈、橫兩拳乃出自四把斬手與橫拳。鑽拳則來自戴氏三拳中的鑽拳。崩、炮兩拳則

戴氏心意拳戴氏三棍

碰棍

炮棍

反背棍

264

沿用戴氏三棍的名稱，後配以陰陽五行相生相剋之特性，成為完整的五行拳練法及理論基礎。

綜觀戴氏心意拳技藝，極重心與意的配合，欲使氣勁得以充全，拳路先求柔後剛、先緩後疾，直到練出神奇的內勁功法，方為全藝。

余所見之戴氏心意拳，極重束展身形與頤養丹田，動作中步法緊湊，一起必有一落，符合早期拳經理論的要求，尤欣見三拳、三棍的練法，得以應照拳經所載。

戴氏心意拳，與由李洛能先生一系所延展出的形意拳，除了龍形與虎形，尚能看出部分類同點外，其餘動作皆不盡相同，李洛能應已將長拳套路的舒展特性融入形意拳中，是以有不同的發展。心意拳，擰裹束展。形意拳，舒展剛直。戴氏心意拳，束身勁整，動作緊湊的獨特風格，於理術上皆彌足玩味。

河北深州形意拳交流記要

　　河北省深州市（原深縣），是河北派形意拳發源之地，武風盛行，名師輩出。李老農、郭雲深、劉奇蘭、耿繼善、李存義、程廷華等，皆為深州之武術名師。深州曾被譽為「武術之鄉」，目前對武術的發展亦不遺餘力。1982年始，深縣政府議定，每年農曆正月初十為「深縣武術節」，在體委、武協組織的帶領下，每逢武術節全縣武術愛好者，多會前來助興，各地外省縣市武術團體，亦多次來深縣參加武術節，以交流拳技。近年來，國外形意拳愛好者，或來信或親訪尋根地來到深縣，進行形意拳武術

深州市李老能形意拳研究會交流合影

交流，使形意拳藝的傳習領域，漸形廣闊。

張玉林先生，現為深縣武協主席，1982年7月，深縣為團結全縣形意拳同好，整理並挖掘傳統形意拳資料與理術，成立「深縣形意拳研究會」，推選張玉林先生為副會長，並於1986年升任會長職。1988年，郭雲深先生的墓碑出土後，張玉林先生便帶頭捐資，籌備墓碑修復工作，以供後人瞻仰。

1994年，深縣撤縣建市，深縣形意拳研究會改稱「深州市李老能形意拳研究會」。張曾帶領弟子，參加1990年北京舉辦的「首屆全國形意拳邀請賽」，弟子宋躋輝獲形意拳比賽二等獎；1991年，在山西太原舉行的「第二屆全國形意拳邀請賽」，其弟子亦分別獲得優秀獎與表演獎；另於山西太谷舉辦的「第三屆全國形意拳邀請賽」，亦取得優異的成績，展現出深州形意拳的雄厚實力。

1995年秋，深州市自行籌辦「中國深州首屆國際形意拳交流大會」，邀約國內外同好參與，將形意拳交流的觸角，從國內推向國際，可謂影響深遠。

1996年4月，余攜弟子親訪深州，受到張玉林先生熱誠招待，並集研究會學員，進行交流演示。李老農於河北省的傳人最多，深州之弟子郭雲深、劉奇蘭、李存義、耿成信等，皆得真傳，其子李太和，孫李文喜，家傳武學功夫穩實。

後劉奇蘭弟子李存義、張占魁，將形意拳在天津一帶推廣，耿成信則將形意拳傳到北京後再傳往武漢。而郭雲深再傳弟子孫祿堂則於「中央國術館」發展形意拳藝於全

國。李存義弟子尚雲祥亦在北京傳授形意拳，是以形意拳藝隨著弟子與再傳弟子的傳習，逐漸興盛遍及於京津，甚或全國各地。

深州形意拳傳習體系，目前以李老農之子李太和體系，郭雲深體系，劉奇蘭體系，耿成信體系為主。所演練的拳路，表現出仍保留雷聲的練法，與發力時震腳的方式。而郭雲深體系所演練的五行拳，則以崩拳為始。

目前「深州市李老能形意拳研究會」，於深州市郊，闢地110畝做為碑林用地，期將深州武術名家，或對武術事業有大貢獻者，立碑為紀，現已確定立碑的深州籍武術名師有李老農、郭雲深、李太和、劉奇蘭、李存義等二十六位。前幾年掘出的郭雲深墓碑，雖字跡已顯斑駁，但仍極具歷史意義。

郭雲深在習練形意拳前，曾練長拳，其長拳之師為馮譽彰（蘭生），碑上刻有門生郭雲深字樣，郭雲深因肇禍入獄三年，在獄中勤練形意拳藝。深州有歌曰：「形意巨匠郭雲深，學藝心專惜寸陰，三載獄中虎撲子，佳話流傳直到今。」其子郭琛，養子郭圓、女郭彩

郭雲深墓碑
（左：張玉林　右：潘岳）

閣、其徒李沛元（奎垣）、許
占鰲、李振山、黃修亭、趙殿
元、魏老率等，都是郭的傳人。

孫祿堂原是李奎垣的弟
子，郭得知孫勤學苦練，悟性
超群，便悉心傳授。郭晚年
時，亦曾親傳李存義及其弟子
尚雲祥。李振山，深州西馬莊
人，和郭雲深同村，為郭之關
門弟子，郭之晚年全仗李振山

河北派李存義先生

贍養，遂將形意拳藝，無保留地傳於李，郭歿後，李振山
為之送終。

劉奇蘭的弟子李存義在天津一帶的傳人頗多，余於
1995年4月，赴天津參與程派高式八卦掌傳人，劉鳳彩師
爺立碑儀式之際，在王師書聲家中，遇到形意拳大師李存

河北派張兆東先生

河北派耿成信先生

義弟子張鴻慶之傳人宋宏德先生，其已高齡七十八歲，談論起形意拳的拳勢，依然虎虎生威，當時因行程較緊迫，未能與宋宏德先生長談。

1996年4月，余由深州返回天津後，思及易宗張峻峰老師之形意拳體系，與張鴻慶之形意拳，同屬李存義脈絡，是以特意尋訪宋宏德先生，進一步瞭解張鴻慶一脈形意拳藝練法。

宋宏德先生，生於1918年，少時即隨李存義弟子張鴻慶習練形意拳，但因其舅父王茂林亦跟隨張鴻慶習藝，以輩份故，宋先生乃拜在張鴻慶弟子張恩貴門下，但仍從張鴻慶習練。

天津形意拳渾元樁
（宋宏德先生示範）

聞李存義於民國十年時仍在中山公園授拳，張兆東則在青年會授拳。李存義在天津的五大弟子為張鴻慶、尚雲祥、韓芝恆、劉雲集、門廣興。

宋宏德先生九歲開始習形意拳，其所習的三體式，起式引氣，腳四十五度前後站立，身似正非正，似斜非斜，手掩褲縫，二手起向上托缽再向下沉，動作穩實，重心前三後七，有前後扯拉撐拔的意念融於其中。手勢

重心為後手七前手三，要領為前手不離鼻，後手不離臍，肘不過肋，小指往上翻，前手大、食、小指鼎力撐。進步時，前腳亦遵蹉擠步，後腳蹬如拔草，手到腳到須同時，強調意、氣、力的結合，練時無人似有人，用時有人似無人。

　　余觀其動作要領，與徐師母所傳習三體式掌形、手法與身法要領相似，應是同一體系練法。1935年時，南京中山樓表演賽，宋宏德先生僅準備但未參加，1936年，正式參加由宋美齡剪綵的華北運動會考選，以褚氏春秋刀獲第六名成績。

　　訪談中有一值得述及的收穫是，由於當時天津武風盛行，名家輩出，拳藝方面多互有交流，宋先生之師張恩貴，亦曾習得王薌齋先生意拳的部分樁法，主要有渾元樁、虎樁、掛樁、降龍樁、伏虎樁，由其師張恩貴所傳習而下的，另有部分綜合樁法，如宋先生所演示的開合掌、穿掌、童子拜佛、磨盤掌、捧撥擠按、揉球、蓮花荷葉掌、龍擺尾、翻經掌、掩肘、燕抄水、截手、蛇形、大鵬展翅、鼉龍出水等的樁功練法。

　　依架勢言，似將意拳與形拳的內容相互融合，結合意念、導引呼吸與全身整體開合性的鍛鍊，皆是非常符合養身練氣的功法。

　　多年來的尋訪過程，博覽各地武學拳藝，重在術與理的交流與應證，意在有所比較，分析其間之異同，截長補短增長見聞耳。而尋訪目的，亦是在適當地釐清傳聞軼事或文章記載的疑慮，知之愈深方能體之愈精，余深信能盛

極一時的拳藝，必有其見長之處，追本溯源之旅，即欲落
實地親身體認，以免閉門造車而誤導後學。

　　武學技藝在精不在多，余於鑽研各類武學拳譜時，深
體前人已在拳譜中，對各階層的功法要領，明示精要，惜
後學並未著實下工夫親體試煉，反以為拳譜無內容可參
研，須知落實的功夫，不在外在的虛華拳勢，必須由自身
激發出人體本有的潛能，方能形成實而不華的功底基礎，
並與日俱長，期與同好共勉之。

意拳　掛樁　　　　　　伏虎樁（宋宏德先生示範）

太極拳篇

太極拳沾身擎放勁

太極起式

易宗郝家太極拳

台始易宗張峻峰老師，曾以八卦掌及形意拳，帶動內家拳藝的風尚，盛極一時，此外其尚擅長另一內家拳武學「郝家太極拳」。

太極拳並非張峻峰老師專攻之武學技藝，但由於張師精於八卦掌及形意拳法，故對於以柔克剛的太極拳藝，亦頗能有所體悟及發揮。

由張峻峰老師所傳習下來的易宗郝家太極拳，明顯地結合八卦掌的柔中寓剛，與形意拳的剛中有柔的精要訣竅，因而易宗郝家太極拳所表現出來的動作及技擊技巧，不同於目前常見的太極拳。

它不但能練氣、養生，且能運用於實際技擊，早期跟隨過張峻峰老師，學習過郝家太極拳的學生，必能深切體悟。其妻徐抱妹老師，在演練郝家太極拳時，氣息平穩，一氣呵成，運勁如抽絲，展現出剛柔並濟、不急不緩的武學技藝。

張峻峰老師的郝家太極拳，不但納入其個人對拳學的素養，且亦融合了許多內家拳養生、煉形及技擊的菁華，而於套路部分，則仍宗於前人所傳。

全套拳路，共計九十二式，自起勢的「開太極」勢接手後，招招皆能綿延不斷地沾黏對手，或攻或守或進或退，勢勢連貫而攻防有序，極符合技擊實用。

　　全套套路共分三段，第一段最短共計十三式，它是整套太極拳的精髓所在，第二段四十式，主在練習身法的靈活，第三段三十九式，體現了整體技擊用勁的技巧，每段的拳理奧秘，皆足以令人深究而興味盎然，是一套精簡而實用的拳路。

　　太極拳有七字要求，即靜、鬆、穩、勻、緩、合、連，有些太極拳家以此七字衍伸出許多不同的字面解釋，事實上這些要求，是必須配合身法變化鍛鍊，非短日內可以體悟的。

　　靜極生動，肢節鬆沉，才能蓄勢待發；重心穩固，方能進退有序；動作勻稱，可使氣息平整；緩移，反能激發速動；上下左右前後圓撐合抱，能使拳路連綿不斷，發揮柔以制剛，剛以濟柔的整體效益。

　　另有十要，即虛領頂勁，含胸拔背，鬆腰落髖，虛實分明，沉肩墜肘，用意不用力，上下相隨，內外相合，相連不斷，動中求靜，兩者均是強調太極拳，最基本的概念：沾連黏隨。

　　十要中的「用意不用力」，是指不用拙力，所謂用意者，拳理曰：「意莫在氣，在氣必遏，亦不在力，在力則澀。」必須要不尚氣，亦不尚力，方能恰到好處，不偏不倚。

　　太極拳的拳譜理論，因體會與釋義上的不同，內容深奧，形成許多不同的版本，1985年，人民出版社《中華武術文庫》古籍部委託沈壽先生，從事各家太極拳譜的搜集整理、點校及考據的工作，而於1991年出版了《太極拳

譜》一書，將各家拳歸類為十三卷內容，分別作校記，其中包括王宗岳、武禹襄、李亦畬的拳譜內容，至於楊氏太極拳的傳鈔老譜部分，則以四卷敘述，餘尚有牛連元、宋書銘、陳王廷、陳長興、陳鑫及其它拳譜的記載，同時亦更正部分以訛傳訛的拳譜。

郝家太極拳於演練套路時，身形必要求圓撐合抱，使氣行全身而暢行無阻，在每一處身體的轉折點上，均能發揮其承起轉接的功效。

身架步法則採平穩中盤架，過與不及均不利生理。前進的腿，其膝不出尖，並應頂膝，以配合後腿撐轉蹬力，使力道合併於腰胯處，藉腰部的轉接，將力由腰向脊背貫出，再透過肩、肘、腕、掌各轉折點的合力圓撐，使一股來自腳掌對地面作用的勁力送達指掌，或指掌所接觸的物體，這便是技擊發力要領。

拳路中的「摟膝拗步」及「白鶴亮翅」，皆能深刻體現上述要求，端賴習者細心體會其訣竅。

太極拳的推手鍛鍊法，是在鍛鍊聽勁，進而練出懂勁。其主要目的，是在以不傷人的情況下，運用所學的基本招式進行對練，太極拳的應敵攻守招法，本具備有發放、打擊、擒拿、挫骨、蹬踢等招式，但於推手時，多只採用掤、攦、擠、按的手法，嚴禁使用毒手狠招來攻防，目的是讓拳路的實用技法藉推手的不斷演練，以趨熟練。

推手時，需不斷的相互體會雙手觸覺，和力道的往來強弱，亦即須練出聽勁能力，及身體自然反射機能的敏感度。

郝家太極拳—平擠　　　　郝家太極拳—上擠

郝家太極拳—按掌

郝家太極拳—單鞭下勢

　　推手過程中的進退取捨，步法及重心移轉的穩定性鍛鍊，均是不可或缺的技擊經驗。

　　推手的另一項優點，是能在兩相對抗的情形下，同時矯正自己所練拳架的姿勢及要領。拳式單獨練，雖能培養個人對拳式的體會程度，但也會因單練之故，而形成自身架式走偏而猶不自知的情形，往往需旁觀者的指點及糾正，尤其是老師的指引，方能落實而不偏頗。

　　在推手時，若姿勢或動作要領不正確，較易形成重心不穩，而覺力不從心，或使不上勁，因而較易培養判斷姿勢，是否有所偏差的警覺性，而適切地矯正動作要領，且亦可從中辨證前人的拳理訣要。

　　拳路乃形體運動的基礎，而推手則是實際應用的模擬，熟練推手技巧，實為一舉數得的拳術鍛鍊法。

傳統的推手方式，有單推手，原地推手，活步推手及四隅推手。

單推手，又可分為平圓、立圓及黏手式練習法，一般多採定步練習，亦可活步單推。

原地推手，俗稱「雙推磨」，即以雙手平圓推手起練，直練到四正方向的推手練習，基本招式以掤、攦、擠、按，交替練習為主，再作多方的搭配運用。

活步推手，與雙推磨同，亦採四正方向，惟於步法上，又區分為合步、套步及任意步，以習練進退間的應敵變化。

四隅推手，又稱大攦，主要在練習四攦四靠，後人對這部分的創新意見較多，如八攦八靠，及將四正四隅推手合在一起的八法推手。

張峻峰老師在傳習雙推手的變化上，亦演化出柔手、盤手及實際散手技擊的推手練習方法，再配合靈活的步法，使上肢和腰腿活動能協調一致，而做到全身上下，皆能沾黏隨連的境界，發揮郝家太極拳嶄新的面貌。

太極推手的習練過程，是由單推手起練至雙推手，由定步式演練到活步式，自四正推手變化到四隅推手，待至技藝純熟後，便可進行真正的黏手，及隨意步法的推手練習，自此方能成就全面性的技擊技巧及要領。如此由淺入深，由易轉繁的練習法，極適合一般人漸次學習。

太極拳的借力打力

太極拳要能練到借力打力，四兩撥千斤的功夫，主要還是在練就聽勁的敏感度，及對著力點的靈活支配運用。

所謂聽勁，是靠皮膚及全身各處，力點接觸的敏感度，以判別對方攻擊的方向及力道強弱，做為我攻守的因應措施。

聽勁的靈敏度，需用「心」體會，如人在水中游水，當手向前划動時，水對手有阻力，手對水亦有抗力，阻力與抗力的強弱虛實，均是相對於對方所給予的力道多寡，將之運用於推手運動中，以偵測對方攻防虛實，是知己知

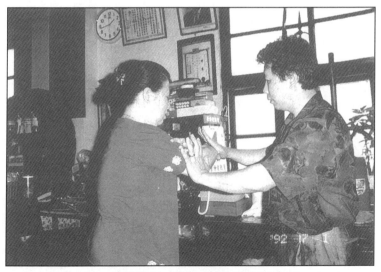

張徐抱妹老師指導盤手拳藝

彼，又能制敵機先的最有效方法。

借力，主要在利用重心及慣性的力學原理，順著對方勁力的方向，隨機乘勢地及時加力或放力，形成先以對方的力點為主，再加上我之順力或撥力，而使對方傾跌或受挫的技巧。

借力最基本的是要能很快的識別對方的重心所在，並引其偏頗後，再施展借力打力的要領，來帶動對方。

例如對方推我，我不向前頂抗，反順勢引進或側身柔化開，或向後引帶，使對方重心偏移，我便順勢借其推我之力，再加自身點撥之力，必使其前仆失勢，若其即時向後抽身，欲轉攻為守以穩住重心，我則就其抽身之順勢，借其後退之力，上步或插步用擠手或按手隨即發力，亦可奏功。

又如對方猛力拉我，此時不應向後拉扯掙扎，反應順其力，借勢向前，或以肩胸前靠，或以臂膀掤擠，亦可直接向其腋下採、擺，順勁才能借對方的力，以還擊其身。

這些應用的技藝，端賴推手來練就及發揮，故而太極拳推手，深究之，實為一項易學難精的鍛鍊，要會借力打力，必須先會聽力（聽勁），技巧在於沾、連、黏、隨的應用，其中又以黏為中心，要練到能不丟不頂，才能進一步地漸次體會出太極拳推手技藝中的特點。

借力打力，「四兩撥千斤」的紮實功夫，是需要下工夫鍛鍊的，程家鼎（時修）先生於真善美出版社，所出版的著作《健康長壽修行法》一書，曾提及：「楊家太極拳初功尤難，簡單枯燥，乏味艱苦，所謂四兩撥千斤，必先

鍊得千斤力，方得鍊術以四兩可制敵，否則安能借敵千斤
加己之四兩哉。」

　　程家鼎先生曾受教於太極拳家田兆麟先生，習練時，
其常擔任田氏示範推手時之試驗靶子，對於田氏能搭手即
靠，將之摔出丈餘而毫無傷害的手法，印象極為深刻，雖
然當時依然莫名其由，僅憶田氏每動必旋纏臀部如飛，此
技巧在程先生來台後，於太極拳的拳師中，迄未曾見過，
僅略見於精練形意拳、八卦掌的張峻峰老師，演練太極拳
時的身法中。

　　此太極拳中最重要的旋纏臀部動作，便是以腰部帶動
摔轉技巧所在。拳經云：「太極拳主宰於腰。」即指力道
源頭，就在腰隙，可見腰部鍛鍊的重要性。

　　腰部能否充分摔轉，配合全身整勁，以發人制敵，是
太極拳四兩撥千斤的奧秘所在。練會聽勁，只是知其力之
所在，若不明運用技巧，不知反制或帶離要領，便無從發
揮「聽」的功效，而應變的關鍵主宰，就在於藉助腰部的
轉摔驅動。

　　腰部的轉動，可將對方的力，化解、帶開、頂住、反
攻、收縮、前趨，甚或身形的進退，均在於腰部的控制。

　　部分太極拳拳式，多已遺漏腰部摔轉的重要步驟，腰
要轉摔，並非肩側所帶動的轉身可名之，摔須如繩絞，暗
藏有反彈之力，摔動亦可化力，可使吾有反攻之機，轉守
為攻。張峻峰老師的郝家太極拳身法，能充分表現出太極
拳，腰部運用的靈活性，此與其對八卦掌身法靈活的體驗
不無關係。

　　一般太極拳主張鬆柔，實則柔中應寓剛，過與不及均是太極拳的大忌。基本上要先嚴守「以柔克剛，剛柔相濟」，「以靜禦動，動中處靜」，「順勢借力，以小勝大」，「以迂為直，後發先至」等技巧。

　　民國初年的太極拳藝，除可培元養生外，皆具實用技擊效益。若習拳者能細體太極拳拳理拳藝，當不難發現，許多太極拳前輩所示範的拳路，其掌型為含掌，絕不是鬆垮掌。而前趨腿之膝蓋部分，絕不會出尖，亦即絕不會使自身重心過於前移，而給予對手以可乘之機。後腿則踩地蹬力，運用腰力的樞紐，將力貫諸兩臂，以達瞬間發力的技擊效果，絕不只是矮著身子行走的步法。

　　太極拳原以技擊為目的，後以自衛為主，並漸轉向養生用途。習練拳藝，應先瞭解其出手趨足的原本含意，且於鬆、穩、慢、勻的釋義上，亦應符合人體功學原理。含胸拔背要鬆活，絕非弓駝著背，若駝之久矣，會使脊椎不正，而造成腹腔器官，長久被壓制的症候群疾病，故練藝者應使背脊挺直鬆活。

　　穩，強調習練過程，應始終保持一定的速度頻率，以使氣血順暢而不致氣浮血躁。身形亦不可過低或過高，過低重心下落氣易浮，過高則效果不彰。

　　慢與勻，是氣息動作，開展收束間技巧的拿捏，但絕不可因求慢而使掌、腕、肘、肩塌跨下來，而毫無生氣，此會因關節的阻礙，造成氣息不穩，肌肉不協調的緊張。

　　太極拳攻守最基本的技法，不外化、引、拿、發。化主守，勁柔而形圓，發主攻，勁剛而形方。化中有引，所

謂「引進落空合則出」,「曲中求直,蓄而後發」,發前有拿,拿即拿準敵勁,亦即把對方的實勁引出後,順勢拿住它,再順著對方的運動方向發出去。

化勁成圓周運動,發勁則要利用慣性離心力,把化勁的位能轉化為發勁的動能,又要順著圓周切線,呈直線地爆發出剛勁,發後則立即再轉為化勁。這種將化、引、拿、發,由守轉攻又可再轉回守的技巧,便是柔中寓剛,剛中帶柔的具體技擊表現。

或以為專練太極拳無用,故先練推手,以為立打見效,即為功法,殊不知無功架基礎,推手僅能成為打手,直接打人或採用鬥牛式,以為實用奏效,可謂本末倒置。

太極拳推手,應是二人雙手沾黏,互不給對方有觸身的機會,若無法達到沾黏技藝者,即為敗方,若使用抱擁技巧者,則不為推手,應為摔跤或相撲的活動。

部分教授太極者,以為只要能打勝對手的拳,才是好拳,便忽略了太極拳,延伸發揚的意義,亦未曾體會前人習練太極拳的艱辛與用心。若認為太極拳,就是推手而已,非技擊拳藝,足見其對太極拳不曾深入瞭解。

早期太極拳家,對於每招每式的要求皆極為嚴格,分毫不稍懈怠或變假,除慢、穩、鬆、勻外,最重要還要會擺,即運用腰部擰轉的旋纏臀部式,練出能發人制人的整勁後,方能習得四兩撥千斤的技藝。

太極拳之於養生練氣,亦有長期功效,太極拳套路演練過程,常以收勁收招為吸氣時機,而發勁出招則為呼氣的時候,一吸一呼間,即是鍛鍊氣息,及練氣培元以養生

的要領，動作中不可全吸或全呼，須慢慢練就氣長而緩，匀整而穩，含而不外洩，如此習練，方能使氣入丹田，以涵養丹田及周身之氣血。

前輩對太極拳的整體鍛鍊，常要求練到「身形和順，關節鬆沉，上下相隨，屈伸自如，周身毫無拙勁，不生稜角，不斷不續，不拘何式，隨來隨化，能攻能守，見隙退進，得實即發」。

在應敵技巧上，則要求必須練到，分清虛實剛柔，做到剛柔相濟，能知機識勢，因敵變化，盡可能使我處於順勢，使敵處於背境。

而在勁道上，要求能動之至微，化之至順，引之至長，發之至驟。習練太極拳，不僅能健身、防身，如能將先賢的拳經理論深究精研，則太極拳藝，將是一項可終生追求的內家武學。

功法技藝篇

「勁」潛能的開發

　　勁是人體內的一種潛在能量，其是運用身體潛能，所發放出來的一股形而上的整體力學，故可謂之是由全身骨胳肌肉關節連貫，整體總合的力道。想要發揮人體潛能及功力，必要從樁功開始鍛鍊，而樁功中又以找勁為習武者練功法，所應追求的最大目標。

　　歷來習武者多只知站樁以練功，而不知應在樁法中找勁，更不知「找勁」為何？「找勁」是習武中一門大學問，勁之於人體，猶如道之於天地，此潛能存在於人體，恍兮惚兮，其中有物，其物甚真，但卻又常迎之不見其首，隨之不見其後，其於武學領域中可謂奧妙非常。

　　拳經中曾將勁以明勁、暗勁、化勁的意境，加以區分。由於習武者個人對拳經的體會不同，故而於明勁、暗勁、化勁上亦出現不同的解譯，更甚者，僅以字面解之，不免有些誤導。

　　其實每一種勁中，都隱含著極深的內功勁法，例如一般的基本功，是為了強化堅固肌肉、骨骼，用以強健體魄，而套路則是加強四肢手腳的靈活度及變化，這都還是屬於所謂明勁的階段。明勁、暗勁與化勁的境界是層層遞升，功力亦是逐漸昇華的，余僅就自身的見解體悟試略述明勁，暗勁及化勁之妙。

明　勁

　　明勁，有形有象，亦有人稱之為剛勁。其動作較為規矩，有跡可尋，通常是依循既有的規範動作，循序漸進地，先培養自身強健的體能。

　　明勁可說是一種調節體能的方法，其能使身體瘦弱的強壯，體型豐腴的紮實，任何人皆可鍛鍊明勁。以內家拳中的八卦掌、形意拳、太極拳而言，長期的鍛鍊甚至可以練出心平氣和的氣度與氣質。

　　如一般的基本功與套路皆有規範動作，用以鍛鍊四肢體力，再加入進退應對的套過招式，形成外形上動作優美的拳路，此過程仍是停留形於外的明勁階段，尚未涉及武學所欲追求的內功涵養。

　　明勁所發出的力量是屬剛猛而快速的打擊力，多落於人體表面，亦即皮膚表皮上的受力，我們人體是一個有如真空的球體，若身體受到明勁的外力撞擊，包裹真空體的肌膚自然會有反彈的作用。

　　如若身體受到的是局步外力衝撞，多則表皮破損或腫脹，如若撞擊的是骨骼部位，因明勁力道剛猛，會使骨骼斷折，無論傷及皮膚或骨骼，明勁之於體內之臟腑則影響較微，亦或略受微震而無礙，不會有較重傷損，故而明勁所發出來的力量雖猛，基於人體本身真空體的自然應變反應，尚不一定嚴重傷及體內臟腑。

暗　勁

　　暗勁，無形有象，動作要求剛柔並濟，亦即將明勁的剛勁轉為柔勁，著重瞬間的爆發勁道。柔勁不同於軟勁，並非將手腳放軟，顯得無力就是柔勁。柔勁要似綿裏藏針，柔中要有剛勁，剛就是已練成的明勁。

　　暗勁可藉助樁法鍛鍊，亦可再回頭藉助已習成的基本功或套路來不斷鍛鍊，但於訣竅上自有不同。此階段在動作要求上可不再拘泥，應求全身圓融渾厚，配合呼吸意念，以充分鍛鍊身體每一寸肌膚的柔韌度。

　　暗勁的產生需藉由意念加以導引，須熟練到意到身到勁力到的階段，此時的武學境界，是完全由意念主導，亦即神意氣力，一氣呵成。

　　明勁練的是外形功夫，而暗勁則是在探求人體內在潛能的發揮。暗勁是一股能將存於人體的能量，爆發出來的勁道，用的是整體的勁。

　　暗勁用之於人體，對方會有如受到龐大物體的衝擊，好似突然間被汽車撞擊的感覺，整個人會頓時失控，而於瞬間即被飛彈而出。

　　暗勁之勁道可直接貫入人體，外表皮膚僅似略有摩擦痕跡，而遭暗勁重擊後的身體，其內部的臟腑會有破損、移位，甚且出血的現象發生，是一股強大內勁。一般對敵時若以暗勁交手，當勁力擊於人體時，對方會感覺到似有一股渾圓厚實的力道，排山倒海般襲擊壓迫而來，銳不可擋。

　　暗勁不但渾圓厚實，且其中尚含足可化解對方力道的縮力、化力，可將對方襲擊而來的力量化為烏有。暗勁的彈力加上縮化力的配合，全身上下便有如彈簧一般地伸縮自如，觸之或彈或化，反之則或鬆或柔，練就出一身收放自如的彈簧力，這便是暗勁的境界。

　　暗勁在爆發時，其勁道要練到全身有如海浪翻滾般地前仆後繼，剛柔相濟。運用暗勁要不離本體，不留任何空間地貼住對方，隨即沾身縱力，直接並同時爆發震彈力，發揮暗勁整體的爆發力。

化　勁

　　化勁，無形無象，虛無而輕靈，是已臻於上層的功夫。一般化勁以為僅是藉助肢體的左右上下轉動，將對方的力化開，便算是化勁，其實不然。

　　內家拳中所謂的化勁，是指將自身所習得拳法或所練的樁功功法，練得極為純練，熟練到成為身體的一種自然反應，化於無形無象之中，使周身無處不是武術技擊，無處不是內勁功法的境界。

　　化勁不易練成，其須經過明勁、暗勁不斷的內外鍛鍊，達到虛無境界，使之成無為全身的自然反射動作，於應敵時，可以做到無招勝有招。尤其要練到於全身每一寸肌膚上，觸手皆可發勁，這是武學功法的上乘功夫。

　　化勁練成，全身之氣盈於體表，溢於指端，自身本體幾近無形無意無象。如若形體受到外力衝擊，即可瞬間反射，將之反彈而出，如若形體僅受外力觸擊，亦可將對方

來力吸化於無形，整個勁道的運用，可收放自如而不自覺，是為上層內勁功法。

練化勁，要練就完全的身體自然反應，尚須同時結合人體的神意氣力，比意念導引更上層，不但要練到全身上下，無處不彈簧的程度，甚至可以憑藉周遭的觸感，不需思考便可立即應變，亦有人將之與道功相提並論，其實內涵頗有不盡相同之處。

八卦掌的特點在於走轉纏化的變化，而於用法技巧則採避正走邪，以同手同腳的方位走轉，不與敵方作正面衝突。八卦掌於走轉時，腳步扣擺，全身氣息鼓盪盈漫，配合側向摔腰裏胯及兩掌穿化的手法，可發出一股摔動彈簧的螺旋勁，亦即摔彈勁，觸手即發。

「摔彈勁」猶如整個彈簧被摔轉到極點後，整體反彈爆發鬆開的勁力，此種摔裏爭彈的勁道，其威力極為龐大。如若被此種螺旋摔彈的力道所擊，對方整個人會被摔旋帶轉，側向翻滾而出，毫無重心地仆跌倒地，故而摔彈勁可謂是種極為柔韌，具有高度技巧的發勁方式。

形意拳的起鑽落翻，起者去也，落者打也，起是打，落亦是打，起落俱打最為先，起如浪起，落如浪翻，起落如水之翻浪。

此種翻浪勁法於形意五行拳中的劈拳練法中，體現無遺，其勢既出前仆後繼，源源不斷，一旦沾身即可縱力，一旦觸身即可發勁，只要觸及對方攻以起鑽落翻的翻浪勁，對方好似受到一股浪濤衝擊力，可將對方打得向後連

翻帶滾，是一股立體圓的勁道。

太極拳著重沾、連、黏、隨，是指對敵雙方互為沾黏的方式下，運用擎、引、鬆、放的訣竅，將對方彈放出去，是一種「擎放勁」，一般亦謂之「凌空勁」。此四字訣竅於拳譜中的「撒放密訣」中均有記載，是太極拳中之基本勁道，一般習練太極拳者，多應識得此勁。

此勁為太極拳本有之勁，而非目前所謂可相隔百里，由此端隔空打到百里外的彼端的勁，此種字面意解用法已然導致偏差。拳譜中所謂凌空即為擎放之意，是為於沾黏住對方後，再將對方彈起拋出之謂。

1992年6月份第一二九期的《武林雜誌》中，有一篇記者採訪楊守中之弟楊振基的內容，在談起凌空勁時，楊振基曾指出其曾祖父楊露禪、祖父楊健侯乃至於父親楊澄甫與旁系長輩們，於練就太極拳時，均未曾聽聞有雙方不

八卦掌橫勁、擰勁

形意拳翻浪勁

太極拳擎放勁

接觸，而可凌空發勁者。

　　余同樣以為，勁是人體本身潛能所引發出來的，是一種彈力，若對敵雙方不以沾黏觸身，彈力無所借力，無反射力，絕無凌空擎放的勁力產生。身手不與對方接觸，不產生沾黏，不產生反射條件，要如何打到對方。歌訣中亦云：「沾黏連隨不丟頂」，沾黏後，方可聽勁以應敵，否則無法「引進落空合即出」。

　　目前有些人依凌空字面解釋為隔百里外而發人者，是忽略了太極拳最基本的沾黏連隨要訣，而有所偏差誤導的意解。

　　習武者，應要分清所鍛鍊的是體力或是潛能，此兩境界，決然不同。力是肌肉筋骨的操練，是由肌肉組織，經由不斷而快速的收縮而產生，若經久不練，便會造成肌肉鬆弛，筋骨容易受傷或受風寒所侵。但若鍛鍊的是以全身

先天勁、沖空勁

為彈簧的潛能爆發力──「勁」，其不但會隨著鍛鍊時日的增長，歷久彌新，甚可終身不衰，不但無損於身，且能身體矯健益壽延年，許多武學高人，練成一副仙風道骨的體態，也就是這個道理。

內家拳尤其著重在練內勁功法上，而不主張練就粗壯肌肉，與形於體外的健美體格。

內勁功法是各家拳術所共同追求的境界，其是一種源於自身不假外求的先天本能，習武者不應以強健體魄為滿足，應朝向激發潛能著手，找出全身彈簧爆發力的「整勁」。勁整後，適可借力打力，制敵機先，收放自如，一旦發勁，其勢如虹，銳不可擋。

真正追求武學真諦的武術家，應著重功法鍛鍊，而以拳法套路為輔，整勁著追尋與發揮，實無內外拳家之分。

「勁」的本質與鍛鍊法

武學之道，鍛鍊武技，以達到強身健體與防禦制敵之效，於攻防禦敵的領域中，又以無招勝有招的「拳無拳、意無意」為習武者所應終生追求的武學境界與目標。

真正的武藝精華，其所展現出的神韻與氣魄應似江河湖海般的胸襟，蘊含深、廣、遠的氣勢，蓄勢如微波涓流，一旦勢發則巨浪翻騰，勢不可擋，躍動中蘊藏無窮變化機先，此種氣韻的發揮，來自於自身潛能的開發。而充分地瞭解勁的本質及功法，是激發潛能，並進而深入體驗「拳無拳、意無意」領域的重要徑路。

就勁的本質及其引導鍛鍊方式的不同，可區分為先天勁與後天勁，此有別於形於外的明勁、暗勁與化勁的區分法。

先天勁、後天勁

所謂先天勁，是指利用人體原有潛能，藉生理結構的功學原理，將能量透脊背組織的強韌伸縮作用，而向外引發的一種整體震彈發放力，此種藉由脊背作用，將人體潛能直接作整體發揮而形成的勁力，即是先天（潛能）勁。

後天勁，是藉由鍛鍊筋肌，培育丹田之氣盈後，再運用肢體動作對筋肌或丹田的壓縮，而產生的反向爆發力，此種發力方式，屬後天勁。

兩者除力源不同外，其各自引導、鍛鍊的方式亦各有不同。先天勁，能源來自腳底，依人之潛能，可源源不斷地開發增長；後天勁，能源來自丹田或筋肌，限於後天的鍛鍊，其勁力的開發有極限之處。先天勁，可隨年齡與研究心得的增進，而與年俱增；後天勁，反會因年齡的增長而漸形停滯。

武術，多是利用身體骨骼與肌肉的相互牽動，做局部性動作鍛鍊，以達到人身肢體語言的表現。而先天勁，則是針對自身潛能開發，充分運用身體每一部分的肢體語言，使無可限量的能量，得以整體性發揮。

人類先天本有的潛能，本蘊育著無窮大的空間，但因後天安逸環境的影響，使許多本能無以展現。由於潛能與先天體質的優劣因人而異，故無法以固定模式的鍛鍊法，強制練出。反須細心地培育習者的心思與意念，引導其「找勁」的方法，使之能集神意於氣力間，再配合身體機能的調整及肢體關節的鍛鍊，藉以激發自身的先天潛能。

激發潛能的先天勁，「形於內、發於外」，本在自身不假外求，其藉由內家拳藝中的站樁功法，來培養出個人「找勁」的要領，以激發、強化出各別的先天能源，並完備全身一致的整體性。

找　勁

「找勁」功夫切莫等閒，套路易學，功法難辨，尤其是自身功法勁力的訓練，並非模仿外形可以成就，必得孜孜不倦地，在自身摸索、探討。

　　「找勁」的方法是靈活而極富彈性的，因人而異，一旦得法，功力必可與日俱增，且鍛鍊過程中，亦同時訓練自身思考能力，無形中已然激升大腦思維的靈敏度。

　　故而先天勁，不宜群體習練，反適獨自與空想敵對練，方不致受到輔助器械的干擾限制，當長期以意念與空想敵對峙後，其所鍛鍊出來的氣勢，抱環宇，撼山河，對個人氣魄的鍛鍊，有深遠的影響力。拳學上所謂的功法，即是這種先天勁的開發，而非所謂的功操鍛鍊。

　　找勁，是先天潛能的開發過程。習武者須先對自身各部位的骨骼機能，尤其是各個關節的銜接點與轉折處，要有所瞭解與認識。其對評估肢體動作時，將會產生的反應，會有很大的幫助，無形中亦會提升甚或突破武學的境界。

　　人類是直立式的脊椎動物，由腳底至頭頂的骨骼架構中，足、腿、膝、胯、脊椎、頸項、肩、肘、腕等部位的構造，皆是支撐或平衡動作的重要關鍵處。

　　鍛鍊先天勁者，須從這些看似平常，確是關隘所在的支點上用心研磨。

　　先天勁，主要是將來自於腳掌踩蹬磨蹉而產生的能量，經由兩膝撐拔力往上提，經過尾閭連接背部的人體主幹脊椎，一節節地往上傳導至脊背，而後透過肩、肘、腕向前遞送，加以意念的主導與貫穿，使力直接透達指端，一氣呵成地激發出無窮的潛能勁力。而自腳掌到指端的距離中，各個關節扣的滯礙，便是一般習武者，最常發生而

無法順利作到整勁效益的原因。

　　滯礙點的形成，主因是對該部位運動原理不瞭解，即便瞭解，亦未必能對其作靈活的鍛鍊，即便靈活後，又未必與其它關節能順應配合，形成整體效益。

　　如腰部不活，會導致上、下半身力的不連貫；而未沉穩的肩胛，亦會形成勁道上的阻力，抵消甚或阻礙勁力的發揮；脊椎不挺拔，骨幹便失去彈性；而僵硬的肌肉，亦會使彈性減弱，降低發勁效益，諸如此類，皆會形成滯礙點，阻絕勁力的透通性。

　　對練就先天勁者而言，人身的每一部位，均是其鍛鍊出先天潛能的重要關卡，一處不完備，便會中斷整體勁的串連，一處未留意，便無法使腳底的能量無阻且全程地發揮。先天勁，實是經由整體機能的分工調整，再搭配整合，所引發而出的整勁效益。

　　以人身架構而言，腰胯為腿部與脊背的轉折點，肩胛為脊背與臂膀的銜接點，肌肉為蘊育全身彈性的主要組織，這些部位均須事先加強調整與鍛鍊。依勁力所經路線而言，勁力由腳掌起，以其對地面的作用力，所產生的反作用力，向上延伸後，經過兩小腿、大腿的夾擠撐拔，一股合力會上到達尾閭，即脊椎的底端，此時的勁力能源，最常中斷在這上接尾閭的腰、胯地帶，藉由擰腰坐胯的原理，利用骨盆的架構承接勁力能源，如此可使尾閭部位機能暢通，再緊接著遞送給脊背的脊椎組織。

　　能源經脊背，由下而上，自尾椎、腰椎、胸椎而至脊背連接臂膀的肩胛，藉肋脊椎的韌性與彈力，向上竄升，

此時便須有技巧地讓能源能轉折而又能暢通地透過肩胛
骨，而與臂膀無間隙的銜接，此處關鍵，在於沉肩時，對
肩井穴鬆活的鍛鍊技巧。

　　鍛鍊沉肩，必須將肩胛骨與手臂上的肱骨銜接處的凹
槽，藉其韌帶與肌肉的牽動，將俗稱為肩井穴的部位，整
個伸展拉開，使之中空形成一道無形的橋樑，讓能源無阻
地通過。

　　當臂膀前伸時，因牽動的弧度不同，所形成的效果不
一。若肩井穴，經鍛鍊鬆活後，其手臂伸出的長度，會較
未練開前為長，且可運動的弧度也較大。

　　一旦肩井穴鬆活，能源便會由脊背傳達到臂膀上，沉
肩的技巧鍛鍊得愈純熟，所能引領而出的能源，愈能順暢
而運用自如。其後，再將肘、腕與掌的機能調適透通，做
整勁能量直透指端，瞬間而發，其威力甚至會震撼對方的
中樞神經。

　　沉肩的鍛鍊，是極重要的發力關鍵，一般習者對於沉
肩的鍛鍊層次，常未盡完備，故而無法發揮整勁效益。

　　身體的機動性，來自於肌肉的伸縮鬆緊，要使身體達
到整體性的動作，肌肉必得鬆柔以蘊合彈性，若將肌肉練
得緊繃強硬而有力，會使行於其間的能量受到阻礙，過剛
必澀，柔中方可蘊藏變化先機。

　　肌肉的鬆柔，並非鬆垮無力，而是形鬆意緊，善用關
節韌帶與肌肉間的彈力，使勁力得以無所滯礙地被充分激
發、瞬間彈放，不會傷害自身肌肉組織，又可發揮潛能，
此時的鍛鍊最重意念的控制與引領，頸椎的挺立，便有帶

動意念挺拔蓄勢展威的作用。肌肉的彈性一旦蓄勢完備，進而要訓練的肌膚表皮的敏感度與觸點，使蓄於內者，必可瞬發於外。

肌膚觸覺與敏銳度的反應訓練，是各肢體的機動崗哨，蓄勢待發，於應變時，用之以聽其來意，審其動機，判敵友，制敵先。一旦練出瞬間敏感反應的「聽」勁功夫，成為身體自然的反應動作，便能在無形中做到拳譜中，「顧即是打，打即是顧」的技擊攻法要領，而達到「無恃敵之不來，恃吾有以待之」的武技境界。

武學，自古以來常截取動物的特長，以形成人類得以習練的套路基礎。動物基於先天求生的獵食本能，確有其值得吾人仿效之處，唯應觀其動而取其菁，若僅見其形而取其象，便會失其仿效的原意。

以虎、豹、熊等脊椎動物為例，拳經對於虎豹頭的要求，是直取其伏身獵物撲食時，頸項挺拔，警覺注視，神意集中，蓄勢待發，而意領神出之氣勢。

又如虎撲式的動作要領，實是學習猛虎撲食時，運用其後腳掌蹬力，透過背部脊椎張弓作用，再經兩前腿肩胛骨極力前撲，使整個身體向前竄躍，以全身整勁，撲擊獵物的勇猛之勢。

獵物為求生，必奮力脫逃，因此虎相對的，尚須以極靈敏的肩胛關節應變，並快速的擰轉身形，才能制獵物於趾爪之間。若是象形地僅以兩手向外撲打，而未用全身整勁之力貫出，便失去仿效猛虎捕獵撲食的原意。

豹與虎獵食時有異曲同工之效，應直取豹更形快捷、

機警而靈巧的動作特性。熊的體積龐大，腰圍粗廣筆直，其亦是運用腳掌的撐力，藉助腰的擰轉，帶動全身之力，揮動兩膀，以發動攻勢。故其外表看似行動遲緩，一旦怒發，拔樹倒屋，威力可知。

自然界，實有許多動物的專長或本能，值得吾人體察與深思，並非僅以外貌取象。

先天勁之能源，可以綿綿不絕地連續蓄勁發勁，宜攻宜守，收放自如，一旦發勁，威力有如驚濤駭浪，萬馬奔騰，無有間隙，勢不可擋，猶如受到龐然大物衝撞一般，屬全面性勁力，為全身整勁的發揮。

後天勁之勁力，著重瞬間爆發，其力剛猛激烈，接續勁力瞬間不易連貫，重攻不重守，一旦發勁，勢如疾箭貫入，屬局部性勁力，如若失勢，後勁未蓄，更常予人可乘之機，是為部分肢體筋肌與丹田之力的發揮。

先天勁發自腳底藉助脊背之功，力似蛟龍翻浪，四面八方一觸即發；**後天勁**發自丹田藉助筋肌之效，力似鐵犁耕地，前後衝根勁直而剛。

先天勁具「觸手驚彈，無堅不催」的特性；**後天勁**有「進退有致，迅捷剛猛」的特色。

先天勁，吾人皆備，切勿僅僅追求肢體外動的美觀，而忽略了自身潛能的開發。不論習練者，接受何種武學的鍛鍊薰陶，於武藝精進的過程中，要領得當，都會日漸成就出先天勁。

內家拳中的站樁功法，實是武學前輩們研發心得中，鍛鍊先天勁最直接，最有效得方式，其能調整內部機能，

形成周身鼓盪之勢，蘊育內動之機，且得以引領外發。

　　站樁方法，在內家拳得拳經中，皆有明示，惜吾人常誤解文辭之真意，亦未能於樁功中深體其義，反覺其枯燥無味，似不如練習套路來的有形有勢，並未窮就其「外靜內動」的功法原理，無法領悟箇中精髓，是以無法將拳經的精要全然體現。要達到「拳無拳、意無意」的整勁效益，實則先天勁與後天勁，兩者皆須鍛鍊純熟。

　　唯先習練**後天勁**者，於鍛鍊筋肌之餘，難免著重剛毅之氣，宜先從瞭解自身的「找勁」樁功著手，於鍛鍊出**先天勁**，後天勁與拳架套路，實為肢體動作的延伸，不但有事半功倍之效，又可充分體現出拳法技藝的個中韻味。

　　先天勁，一旦練就，變化無窮，發勁時，依其方式或方向的不同，可區分為驚彈勁、擎放勁、沖空勁、摔裹勁、翻浪勁等應變勁法，各具震撼威力。

　　武學境界，窮理就藝，練到先天整勁的領域，除能鍛鍊體魄，調節人體機能，使之蘊育無限激動潛能外，更於順應身體自然本能之中，激發思考能力，培養浩然氣魄。內外修為堅毅穩實，宜武宜文，於攻防領域知所應對，待人接物亦復如此，無形中培養出習武者，氣宇軒昂，德藝雙修的境界。

武學交流篇

首屆國際八卦掌聯誼會記實

　　1993 年 12 月 24 至 27 日，在北京擴大舉辦為期四天的「首屆國際八卦掌聯誼會」，此次與會人士相當地踴躍，國內外八卦掌同好，聚集一堂。亞洲武術聯合會主席徐才先生言：「這次聯誼會，是地球上出現的一項新生創舉，它使得武術界，首次出現八卦掌門，這麼大規模的一個聯繫活動，同時預計即將在文安縣富饒的土地上，建造一座宏偉的『八卦城』。」

　　數年前，沙國政先生及李子鳴先生尚在世時，聯誼會籌備人康戈武先生，即與兩位先生商議，為了溝通八卦掌傳人相互間的交流，建立友誼，意欲興辦一次國際性八卦掌聯誼會活動。

　　1993 年在籌辦「武術文化知識國際大獎賽」的計畫中，康戈武先生又擬著手八卦掌聯誼會活動的準備工作。八卦掌創始人董海川故居所在的文安縣政府，得知後，委派副縣長郭振遠先生，親至北京與康戈武先生的籌辦小組聯繫，且回縣後極力倡議，乃促成文安縣成立「以八卦掌為視窗，讓文安走向世界」的決議，並且進一步地提出，要在文安縣建立「董海川武館」、「八卦城」等一系列的宏偉計畫。

　　「八卦城」中擬包括有十項工程，計有海川武館、海川陵園、海川武校、武術訓練館、公園式練武場、釣魚

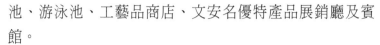

池、游泳池、工藝品商店、文安名優特產品展銷廳及賓館。

工程依陰陽八卦陣式佈局，以顯八卦掌之特點，佔地三十三萬平方公尺，約五百畝。董海川住所朱家務董村鄉的鄉親，欣見建設「海川武館」，鄉親出人、出錢或出地，欲繼續發揚，董公海川對武藝文化的卓越貢獻。

活動籌備小組，於1993年11月始，向海內外的八卦掌傳人，發出邀請信函，預估約會有五十左右的人士參與。函寄後回響熱絡，是以將活動日期定於耶誕節期間的前後四天舉辦。

前來與會的人士，來自全國各地，各門派的八卦掌傳人，如劉鳳春體系的傳人史建華。史繼棟（史六）體系的傳人狄兆龍。程派高式體系傳人王書聲。尹福體系傳人王敷。劉寶貞（珍）體系傳人郭振亞。梁振圃體系傳人王其昌。李長葉體系傳人呂紫劍，其年屆一百零二歲，鶴髮童顏，步履輕盈，精神抖擻，在孫女陪同下，由成都趕來與會。另尚有李子鳴傳人王桐。沙國政之子沙駿傑。任致誠體系傳人任文柱等人參與盛會。

海外則有來自美國、日本、波蘭、臺灣、香港等地的八卦掌傳人，前來與會。臺灣方面，余以台始易宗，「程派高式」八卦掌的體系與會，另雲安為周劍南先生弟子，屬孫祿堂先生的體系。餘者，有孫祿堂之女孫劍雲女士、尹福再傳弟子王敷先生、程廷華再傳弟子王榮堂先生等，均親臨參與，可謂高手雲集。

自董公海川始傳八卦掌於北京，帶藝投師的弟子，將

本身部分武技菁華，融入八卦掌中，豐碩八卦掌藝內容，同時亦形成各自不同的特點，日益廣傳後，漸形成各派各具特色的八卦掌練法，且漸及海內外。

為加強不同八卦掌流派間的傳人，相互交流、討論、溝通、聯繫，是以舉辦活動，以搭起聯繫的橋樑。

八卦掌，採用中國傳統養生原理，以修養身心，同時在功法中，採用易理說明拳理，增加八卦掌武學的文化涵養，不僅可讓習者鍛鍊身體，亦可培養並加深其對中國傳統文化易經的瞭解，實具雙重意義。

八卦掌是一項內外兼修的武術，在未來的社會中，預期八卦掌將會獲得較大的發展空間。有學者談論：二十一世紀，八卦掌將會繼太極拳後，成為武術界練習人數最多，或在社會上形成普及性最廣的一種拳種。

左：潘岳　右：呂紫劍先生

二十四日晚的歡迎會，亞洲武術聯合會的主席徐才先生，曾提及：「中國人講究『發』，八卦掌有個八，即是個很有發展的拳術。」又說：「董海川在北京推展八卦掌的年頭，開始於1866年，是個很吉祥的數字，『一八』即是要發，『六六』意欲大順，也就是說八卦掌的發展是吉祥又大順的。」

聯誼會期間，主要安排項目為，二十四日晚，歡迎晚會，接待並安排住宿及行程說明，二十五日，進行「理論與技術的交流」的研討項目，並邀請呂紫劍先生、裴錫榮先生以及來自濟南、雲南、天津、河南、上海、安徽等地的八卦掌好手現場演藝。

此次研討過程，主要是談論八卦掌對人體的影響，及延年益壽的功效。另就技術層面剖析者，是來自天津「程派高式八卦掌」體系傳人的演出，由劉樹行先生發言，戈國良、李學義師兄弟，作技術上的演練與詮釋。雲南方面，由張修林先生發言，而由沙國政武術館館長，亦即沙國政先生之子沙駿傑夫婦及師兄弟們，作拳械對練的演出，有八卦掌對練、子午鴛鴦鉞對劍等表演項目，多為由沙國政先生整理或是創編完善的套路。

二十五日午後，與會人士合影留念，相互謙讓，井然有序。其後全體人員，同往萬安公墓，祭奠董公海川，董公之墓，已於事前由籌備小組人員出面維修，參與維修者有王桐先生等人。參與人員手持寫上各自名字或團體代表名稱的花圈或鮮花，步行進入墓園，祭奠者的主順序為，籌辦主委康戈武先生及其委員，其次為聯合主辦此次活動

的文安縣政府代表，再次為來自臺灣「易宗武學研究會」
的代表潘岳及周劍南弟子雲安，次為日本代表佐藤金兵
衛、波蘭代表柳壽晨等，其它依次為國內外代表之順序，
隊伍約有一里多長。

到達董公墓地，繞董公墓碑一圈後，依序獻敬花圈，
中間放置四個最大的花圈分別為主委會、文安縣政府、
臺灣代表及日本代表，其餘代表的花圈，分置墓碑兩側
排列，全體人員默哀致敬。其後瞻仰碑砌，並閱覽碑文記
載，八卦掌傳人間，亦多攝影留下珍貴的紀錄。

二十五日晚，仍藉「社會主義研究院」場地，舉辦八
卦掌各門派的技藝表演，約五十人次左右上場表演，包括
老中青三代，涵蓋拳式、刀、劍、鉞等兵器及對練，場面
熱絡掌聲四起。老前輩呂紫劍先生表演八卦掌藝，身法靈
活，狄兆龍先生則表演八卦劍，行如游龍，余亦上場演練
一卦後天掌法。所有人員的熱誠參與，使八卦掌武術相互
觀摩的活動，更具意義。

二十六日，與會人士同往文安縣董公故鄉，因路程較
遠約有一百多公里車程五小時，且當地尚有多項表演活
動，續又將轉往朱家務參觀董公故居，是以除派有醫務
人員隨行外，欲勸留身體欠安之老前輩，但願往者甚為踴
躍。當車隊進入文安縣界時，文安縣的縣長縣委書記，皆
親自出迎，引領車隊開進文安縣城，城內幾有數萬人夾道
歡迎來自世界各地八卦掌界的朋友，俗諺：「天下武術是
一家」，場面實感受深刻。

文安縣的表演項目，第一項是由六百人組成，表演八

卦掌藝，展現出八卦掌藝，不僅鍛鍊身體，同時還鍛鍊氣魄及素質，使人毅力堅強。表演會場四周，群眾圍繞數層，幾可以萬人空巷來形容，參與者雖踴躍熱絡，但次序仍是井然有序。

其後往朱家務，亦是同樣熱絡的人潮，不論老少多在歡迎之列，或有主動邀請來客，到屋內小坐聊天者，因時間有限，僅能透過觀賞當地的表演，瞭解到村人對董公海川的崇敬及對八卦掌的熱愛情感。

返北京後，二十七日，聯誼活動以座談會方式，共同商討第二屆聯誼會後之活動方向、方式及八卦掌發揚事宜。會中決議成立「國際八卦掌聯誼會」聯絡處，以負責聯誼活動籌劃事項，並決定由「亞洲武術聯合會」主席徐才先生為首，與康戈武先生及文安縣郭振遠先生三人共

聯誼活動盛況

同負責此項會務,擬制定聯誼會聯絡處的工作章程及聯誼活動進行草案,海外部分,如臺灣由「易宗內家武學研究會」潘岳為代表負責聯繫,日本則由「全日本中國拳法聯盟」會長佐藤金兵衛為代表負責聯繫。

其次議定為融合各派之差異性,與推廣八卦掌拳藝運動,擬編製一套簡易八卦掌套路,使之普及化。此套路擬由康戈武先生,邀請八卦掌各門派代表傳人共同編列,就八卦掌歷年來技術發展層面作深入研究,找出最具代表性的拳式,並探討八卦掌對人體健身作用,找出最有健身價值的動作,再依據八卦掌運動原理、特點及其技藝方法創編而成,套路名稱暫定名為「轉掌八式」。

孫劍雲女士、呂紫劍先生、王敷先生、王榮堂先生、傅振倫先生、狄兆龍先生、郭振遠先生等人,共同參與評審,諸先生評議該套路結構合理,適宜普及推廣,亦適於作為競賽套路,進而可提升為未來亞運或奧運的競賽套路。此套路預計於1994年春夏之際,編列成冊,同時開辦套路研習班推廣,預期在套路普及後,將會引發較多習練八卦掌者,可促進八卦掌的未來發展,亦能為傳統武術舖路選才,適可引介習者深入探討傳統套路。

「國際八卦掌聯誼會」,會徽外緣是橢圓型,圓中有四象,四象包括八卦在內,其中卦爻是方的,外圓內方,符合武術外圓內方技理的要求,內以深淺來區分兩個似三角形般圖形乃象徵掌,掌以深淺表示內含陰陽,而掌的位置未固守,似有衝出圓外之勢,說明整個八卦掌的理論體系及技術體系,已經在舊有的理論基礎上,有了嶄新的發

展，符合時代的要求。

　　此次聯誼會各項活動，皆安排有錄影人員，為大會留下珍貴的歷史鏡頭。

　　錄影記錄影片，由康戈武先生主導、潘岳及雲安的參與共同製作，此影片日後或有其史料及其保存價值，影帶名稱為「首屆國際八卦掌聯誼會記實」。會後期盼三年內，文安縣「八卦城」的十大建設能早日竣工，亦期盼未來八卦掌的聯誼活動，能與年俱增其盛況，促成八卦掌的日益普及化與國際化的發展。

日本佐藤金兵衛來台交流記要

余於1993年，赴北京參加「首屆國際八卦掌聯誼會」時，結識「全日本中國拳法聯盟總會」會長佐藤金兵衛先生，其後時常書信往來。

1994年11月18日，佐藤先生率團來台，進行為期六天北、中、南各地的武學交流活動。經余安排拜會「中華國術國際聯盟總會」馬行禮先生等，與「力與美雜誌社」總編楊中和先生等，為中日武術交流管道開闢一新的旅程碑。

「中華國術國際聯盟總會」為表歡迎，假臺北市全國體總聯合辦公大樓會議廳，舉辦一場武術交流表演歡迎會，由「中華國術亞洲聯盟總會」主席馬行禮先生主持，秘書長歐喜勳先生，秘書鞠錦章先生翻譯。

並邀請多位武術名家與學者與會，如周劍南先生、賀順定先生、張敦熙先生、孫紹棠先生、高道生先生、張峻峰先生之夫人徐抱妹女士、陳嘉遠先生、胡惠豹先生、林慶川先生、姚元潮先生、楊逢時先生等。

而武術演練項目，則有易宗程派高式八卦掌之先、後天掌，與後天掌法實用演練，通臂拳，昆吾劍，楊氏太極拳，形意拳，孫臏三十二手，螳螂拳實用演練，定步與活步八卦掌示範等。

佐藤先生之弟子，臼井真琴與石井敏，亦上場演練八

全日本中國拳法聯盟總會來台交流

劉臻（左一）徐抱妹老師（左二）潘岳（中）

佐藤金兵衛（右二）臼井真琴（右一）

卦先天掌法，形意拳連環拳，通臂拳，陳式太極拳等，相互交流武學。

會後，與會者與佐藤先生，互換著作與資料，兩會代表亦互贈錦旗、紀念品等，並全體合影留念。

佐藤金兵衛先生，年屆六十八歲，東北大學醫學博士。早年研究日本柔術頗具心得，擔任日本古武道八個流派的正統繼承者，極愛好武術。五〇年代，王樹金先生至日本傳授武術時，曾跟隨王先生習八卦掌、形意拳與太極拳。亦曾親赴大陸，與北京八卦掌名家李子鳴先生、上海裴錫榮先生等學習拳藝，熱愛中國傳統武學。

現任「日本古武道大和道」宗主，「全日本中國拳法聯盟總會」會長，支部遍設新潟、仙台、川崎、大崎、奧澤、松伏町等地，另設「北關東武術聯盟」於群馬、崎北兩地，三十餘年來，主要教授八卦掌、形意拳、太極拳和日本柔術，所授學生遍及全日本各地。

曾陸續出版八卦掌、形意拳、太極拳、少林拳與氣功法等拳術著作流傳，亦常於武學雜誌上發表文章，倡導中國傳統武學。近年來，常組團與各國武學同好進行武術交流，宣揚中國傳統武學不遺餘力。

太極武術教學光碟

歡迎至本公司購買書籍

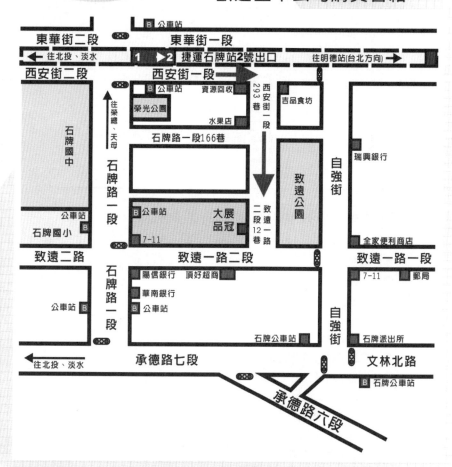

建議路線

1. 搭乘捷運·公車

　　淡水線石牌站下車，由石牌捷運站2號出口出站(出站後靠右邊)，沿著捷運高架往台北方向走(往明德站方向)，其街名為西安街，約走100公尺(勿超過紅綠燈)，由西安街一段293巷進來(巷口有一公車站牌，站名為自強街口)，本公司位於致遠公園對面。搭公車者請於石牌站(石牌派出所)下車，走進自強街，遇致遠路口左轉，右手邊第一條巷子即為本社位置。

2. 自行開車或騎車

　　由承德路接石牌路，看到陽信銀行右轉，此條即為致遠一路二段，在遇到自強街(紅綠燈)前的巷子(致遠公園)左轉，即可看到本公司招牌。

國家圖書館出版品預行編目資料

縱橫內家武學—萬里拳蹤／ 潘岳 著
—— 2 版——臺北市，大展，2017 [民106.02]
面；21公分——（潘岳武學；3）
ISBN 978-986-346-149-4（平裝）
1.拳術 2.中國
528.97　　　　　　　　　　　105024417

縱橫內家武學—— 萬里拳蹤

著　　者／潘　　岳
責任編輯／孟　　甫
發 行 人／蔡 森 明
出 版 者／大展出版社有限公司
社　　址／台北市北投區（石牌）致遠一路2段12巷1號
電　　話／(02) 28236031・28236033・28233123
傳　　真／(02) 28272069
郵政劃撥／01669551
網　　址／www.dah-jaan.com.tw
E-mail／service@dah-jaan.com.tw
登 記 證／局版臺業字第2171號
承 印 者／傳興印刷有限公司
裝　　訂／眾友企業公司
排 版 者／千兵企業有限公司
初版1刷／2000年（民 89年）9月
2 版1刷／2017年（民106年）2月

定　價／350元

大展好書　好書大展
品嘗好書　冠群可期

大展好書　好書大展
品嘗好書·冠群可期